NORDRHEIN WESTFÄLISCHE AKADEMIE DER WISSENSCHAFTEN
AF867833

Nordrhein-Westfälische Akademie der Wissenschaften

Geisteswissenschaften Vorträge · G 337

Herausgegeben von der
Nordrhein-Westfälischen Akademie der Wissenschaften

HERBERT SCHAMBECK

Das österreichische Regierungssystem
Ein Verfassungsvergleich

Westdeutscher Verlag

303. Sitzung am 18. Juni 1986 in Düsseldorf
(Aktualisierte Fassung: Juni 1995)

Die Deutsche Bibliothek – CIP-Einheitsaufnahme

Schambeck, Herbert:

Das österreichische Regierungssystem: ein Verfassungsvergleich / Herbert Schambeck. – Opladen: Westdt. Verl., 1996

(Vorträge / Nordrhein-Westfälische Akademie der Wissenschaften: Geisteswissenschaften; G 337)
ISBN 978-3-531-07337-8 ISBN 978-3-322-90067-8 (eBook)
DOI 10.1007/978-3-322-90067-8

NE: Nordrhein-Westfälische Akademie der Wissenschaften (Düsseldorf): Vorträge / Geisteswissenschaften

Der Westdeutsche Verlag ist ein Unternehmen der Bertelsmann Fachinformation.

© 1995 by Westdeutscher Verlag GmbH Opladen
Herstellung: Westdeutscher Verlag

ISSN 0944-8810
ISBN 978-3-531-07337-8

Inhalt

Der Staat verlangt zu seiner Sinngebung und Bestandsicherung *als Rechtsgemeinschaft* nach einer Leitung, nämlich nach der Kraft, welche imstande ist, die sozialen Notwendigkeiten zu registrieren, das politische Wollen zu formulieren, den Interessenausgleich im öffentlichen Leben zu initiieren und so zur Staatswillensbildung hinzuführen, welche im demokratischen Verfassungsstaat[1] in Gesetzesform[2] dem Handeln des Staates Maß und Ziel gibt. Im Staat der Gegenwart wird diese für ein Gemeinwesen geradezu existentielle *Aufgabe der Staatsleitung* geprägt durch das jeweilige Regierungssystem.[3]

I. Zum Begriff des Regierungssystems

Ein Regierungssystem ist die Zuordnung der führenden Kräfte des öffentlichen Lebens, welche für die Bildung des Gemeinwillens eines Staates bestimmend sind. Jeder Staat hat seine eigene Geschichte und sein jeweiliges System derartiger Staatsleitung, die sich in Österreich und Deutschland auf dem Weg *von der Monarchie zur Republik* befunden haben.[4] In dieser monarchischen Staatsform war

[1] Siehe CARL JOACHIM FRIEDRICH, Der Verfassungsstaat der Neuzeit, Berlin-Göttingen-Heidelberg 1953.

[2] Dazu HERBERT SCHAMBECK, Das Gesetz und seine Funktionen heute, in: Aus Österreichs Rechtsleben in Geschichte und Gegenwart, Festschrift für Ernst C. Hellbling zum 80. Geburtstag, hrsg. v. der Rechtswissenschaftlichen Fakultät der Universität Salzburg, Berlin 1981, S. 45ff.

[3] Vgl. allgemein Josef Isensee und Paul Kirchhof (Hrsg.), Handbuch des Staatsrechts der Bundesrepublik Deutschland, Band II, Demokratische Willensbildung - Die Staatsorgane des Bundes, Heidelberg 1987; GUNNAR FOLKE SCHUPPERT, Regierung und Verwaltung, in: Ernst Benda, Werner Maihofer, Hans-Jochen Vogel (Hrsg.), Handbuch des Verfassungsrechts der Bundesrepublik Deutschland, 2., neubearbeitete und erweiterte Auflage, Berlin-New York 1994, S. 1499ff.; THOMAS ELLWEIN - JOACHIM JENS HESSE, Das Regierungssystem der Bundesrepublik Deutschland, 6., neubearbeitete und erweiterte Auflage, Opladen 1987; HELMUT WIDDER, Organisationsprobleme im parlamentarischen Regierungssystem. Zur Frage der Funktionsfähigkeit parlamentarischer Kollegien, Salzburg 1977; WILHELM BRAUNEDER, Das Regierungssystem bis 1918, in: Herbert Schambeck (Hrsg.), Österreichs Parlamentarismus, Werden und System, Berlin 1986, S. 169ff.

[4] ERNST C. HELLBLING, Österreichische Verfassungs- und Verwaltungsgeschichte, 2., verbesserte und ergänzte Auflage, Wien-New York 1974, S. 400ff. und WILHELM BRAUNEDER, Österreichische Verfassungsgeschichte, 6., durchgesehene und ergänzte Auflage, Wien 1992, S. 187ff.; CHRISTIAN-FRIEDRICH MENGER, Deutsche Verfassungsgeschichte der Neuzeit, 7. Auflage, Heidelberg 1990, S. 167ff.; HEINRICH MITTEIS - HEINZ LIEBERICH, Deutsche Rechtsgeschichte, 19. Auflage, München 1992, S. 456ff.

die Regierungsfunktion ursprünglich beim jeweiligen Herrscher gelegen.[5] Dies führte zu einer Gleichsetzung von *Herrschen und Regieren*, was sich so heute kaum mehr vertreten ließe. Alle Regierungsrechte waren damals auf eine Person bezogen. Je mehr das Anwachsen der Aufgaben des Staates eine Vergrößerung der Staatsleitung verlangte, desto größer wurde die Zahl der Personen, Minister genannt – was Diener bedeuten soll –, welche der Monarch als seine Handlungsbevollmächtigten heranzog und die zum Großteil für ihn die Verantwortung trugen, was die bis in die Gegenwart reichende *Ministerverantwortlichkeit*[6] begründete. Der wichtigste Ressortchef war neben dem für die äußeren Angelegenheiten zuständigen Minister der Innenminister, aus dessen Ressort sich allmählich die übrigen Ministerien entwickelten, bis zu jenen für Gesundheit, Familie und Umweltschutz heute.[7]

Das Vertrauen des Monarchen war ursprünglich bestimmend für diese Staatsleitung; er ernannte die Regierung und entließ sie. Der Monarch und seine Regierung standen daher auf der einen Seite des öffentlichen Lebens, das Volk und seine Repräsentanten auf der anderen Seite der Politik, woraus sich auch existentiell eine Situation der Unterscheidung und bisweilen der Konfrontation von *Staat und Gesellschaft* ergab, die sich in der Auseinandersetzung des öffentlichen Lebens auch dann fortsetzte, als längst das Parlament dem Monarchen und seiner Regierung gegenüber und später zur Seite getreten war, um schließlich in der parlamentarischen Republik die bestimmende Kraft zu sein.[8]

Je mehr in den Staaten, im deutschsprachigen Raum deutlich beginnend mit den Revolutionen des Jahres 1848, der *demokratische und liberale Einfluß* zunahm, desto mehr begannen das Volk und seine Vertreter den Kampf gegen den Monarchen und seine Regierung, deren *Machtbeschränkung* geradezu ein Ziel *auf dem Weg zum demokratischen Verfassungsstaat* war.[9] Als nach Beendigung des 1. Welt-

[5] Georg Jellinek, Allgemeine Staatslehre, 3. Auflage, Neudruck, Bad Homburg v. d. Höhe–Berlin–Zürich 1966, S. 669ff. und Carl Joachim Friedrich, Der Verfassungsstaat, S. 411ff.

[6] Herbert Schambeck, Die Ministerverantwortlichkeit, Karlsruher Juristische Studien Nr. 101, Karlsruhe 1971 und Karl Korinek, Ministerverantwortlichkeit, Heft 1 der Schriftenreihe Recht–Politik–Wirtschaft, Wien 1986.

[7] Bundesministeriengesetz 1973, BGBl. Nr. 389/1973, in der Fassung Bundesministeriengesetz 1986, BGBl. Nr. 76/1986 Anlage 1 (WV) i. d. F. BGBl. Nr. 78/1987, BGBl. Nr. 287/1987, BGBl. Nr. 125/1988, BGBl. Nr. 45/1991, BGBl. Nr. 419/1992, BGBl. Nr. 25/1993, BGBl. Nr. 256/1993, BGBl. Nr. 550/1994, BGBl. Nr. 1105/1994, BGBl. Nr. 16/1995.

[8] Georg Jellinek, Allgemeine Staatslehre, S. 699ff.; Herbert Schambeck, Vom Sinn und Zweck des Parlamentarismus, in: Österreichs Parlamentarismus, Werden und System, S. 1ff. und Helmut Widder, Die Entstehung und Entwicklung des Parlamentarismus der Republik Österreich, ebenda, S. 225ff.

[9] Eduard Heilfron, Deutsche Rechtsgeschichte. Staatsrecht. Kirchenrecht. 7. Auflage, Berlin 1908, S. 150ff.; Ernst C. Hellbling, Österreichische Verfassungs- und Verwaltungsgeschichte, S. 345ff. und Wilhelm Brauneder, Österreichische Verfassungsgeschichte, S. 113ff.

krieges und der Ausrufung der Republik, in Deutschland[10] und Österreich[11] übrigens im selben Jahr 1918, die monarchische Staatsform von der Republik abgelöst wurde, glaubte man zunächst, das Regierungssystem so demokratisieren zu können, daß man es *von einem monarchischen Regierungssystem zu einem parlamentarischen Regierungssystem*[12] in der Weise umbildet, indem man sich anfangs die *Regierung als Vollzugsausschuß des Parlaments*[13] vorstellte. So wurde 1918 in Österreich nach Ausrufung der Republik, die sich übrigens als Republik Deutschösterreich bezeichnete[14], um zu dokumentieren, daß es sich um den deutschsprachigen Rest des österreichischen Teiles der ehemaligen Donaumonarchie handelt, aufgrund des Gesetzes über die Staats- und Regierungsform[15] aus der Mitte der Provisorischen Nationalversammlung ein Kollegium, nämlich der Staatsrat gewählt, der die vollziehende Gewalt durch die von ihm bestellten Staatssekretäre ausübte. Auf diesen Staatsrat gingen auch alle Rechte über, die vor 1918 dem Kaiser zugekommen waren.[16] In der Folgezeit wurde in Österreich die Bundesregierung, wie sie nach dem Bundes-Verfassungsgesetz 1920[17] benannt wird, vom Nationalrat auf Vorschlag seines Hauptausschusses gewählt, später aber nach der B-VG Novelle 1929[18] vom Bundespräsidenten ernannt.

Dieser skizzenhafte Hinweis kann zeigen, daß die Regierung[19] Ausdruck der Staatsleitung eines Gemeinwesens ist, dessen Form jeweils von der politischen Entwicklung eines Staates geprägt ist.

[10] 9. November 1918. Zu den Ereignissen vgl. Friedrich Giese, Die Verfassung des Deutschen Reiches, Berlin 1919, S. 8ff. Siehe auch Art. 1 Abs. 1 Weimarer Reichsverfassung, RGBl. Nr 152/1919: „Das Deutsche Reich ist eine Republik."

[11] Gesetz vom 12. November 1918 über die Staats- und Regierungsform, StGBl. Nr. 5/1918.

[12] Helmut Widder, Die Entstehung und Entwicklung des Parlamentarismus in Österreich, S. 229ff. und Hans Schneider, Die Reichsverfassung vom 11. August 1919, in: Handbuch des Staatsrechts der Bundesrepublik Deutschland, Band I, Grundlagen von Staat und Verfassung, S. 85ff.

[13] Vgl. § 3 des Gesetzes vom 12. November 1918 über die Staats- und Regierungsform, StGBl. Nr. 5/1918, sowie Adolf J. Merkl, Die Verfassung der Republik Deutschösterreich, Ein kritisch-systematischer Grundriß, Wien-Leipzig 1919, S. 113ff.; Hans Kelsen, Die Verfassungsgesetze der Republik Deutschösterreich I-III, Wien 1919, S. 18f.; Ernst C. Hellbling, Österreichische Verfassungs- und Verwaltungsgeschichte, S. 405f.; Wilhelm Brauneder, Österreichische Verfassungsgeschichte, S. 187ff.

[14] Art. 1 des Gesetzes über die Staats- und Regierungsform von Deutschösterreich, StGBl. Nr. 5/1918.

[15] §§ 3ff. des Beschlusses der Provisorischen Nationalversammlung für Deutschösterreich vom 30. Oktober 1918 über die grundlegenden Einrichtungen der Staatsgewalt, StGBl. Nr. 1/1918. Hans Kelsen, Österreichisches Staatsrecht. Ein Grundriß entwicklungsgeschichtlich dargestellt, Tübingen 1923, S. 82ff.

[16] §§ 4ff. des Beschlusses der Provisorischen Nationalversammlung für Deutschösterreich vom 30. Oktober 1918 über die grundlegenden Einrichtungen der Staatsgewalt, StGBl. Nr. 1, und Art. 3 des Gesetzes vom 12. November 1918 über die Staats- und Regierungsform, StGBl. Nr. 5.

[17] Art. 69ff. B-VG; StGBl. Nr. 450/1920 und BGBl. Nr. 1/1920.

[18] BGBl. Nr. 1/1930.

[19] Dazu Herbert Schambeck, Die Demokratie, in: Derselbe (Hrsg.), Das österreichische Bundes-Verfassungsgesetz und seine Entwicklung, Berlin 1980, S. 187ff.

II. Die Regierung als Funktion und Organ

Wer von Regierung im Sinne von Staatsleitung spricht, muß *zwischen Regierung als Funktion*[20] und *Regierung als Organ*[21] unterscheiden.

Die Regierung als Funktion umfaßt alle Tätigkeiten von Organen eines Staates, welche staatsleitende Aufgaben erfüllen.

Die Regierung als Organ stellt jene Gruppe von Personen dar, welche ausdrücklich in der Verfassung[22] als Regierungsorgane bezeichnet wurden. In dieser Sicht erweist sich die *Regierung als Funktion* als *weiterer Begriff gegenüber der Regierung als Organ.* Während das Regierungsorgan Ausdruck des Verfassungsrechtssystems ist, erweist sich die Regierungsfunktion als jene jeweilige Tätigkeit, die auf den Staat als Ganzes bezogen ist, d. h. seine Ziele und Handlungsweisen bestimmt.

Betrachtet man die österreichische Staatsrechtsordnung und ihre Verfassungswirklichkeit[23], so sind als *staatsleitende Organe* der Bundespräsident[24] und die Bundesregierung[25] sowie die Organe der Bundesgesetzgebung, nämlich der National- und Bundesrat[26] auf Bundesebene sowie die Landesregierungen[27] und die Landtage[28] auf Landesebene als solche zu bezeichnen; sie bilden bei aller Differenziertheit ihres jeweiligen Aufgabenbereiches die Regierung als Organ im weiteren Sinn. *Regierung als Organ im engeren Sinn,* wie die Bezeichnung Regierung im gewöhnlichen Sprachgebrauch verwendet wird, ist die Bundesregierung auf Bundesebene und die Landesregierung auf Landesebene.

Die *Regierung als Funktion* ist weiter als die Regierung als Organ, sie umfaßt alle Tätigkeiten im Staat, welche für das öffentliche Leben eines Gemeinwesens zielführend und wegweisend sind. Eine derartige Regierungsfunktion wird von den Regierungsorganen, also der Regierung eines Staates im eigentlichen Sinn und dem Parlament ausgeübt werden, in der Weise nehmen die Regierungsorgane auch Regierungsfunktionen wahr. Das Verfassungsrecht eines Staates kann diese staats-

[20] Ernst Friesenhahn, Parlament und Regierung im modernen Staat, Veröffentlichungen der Vereinigung der Deutschen Staatsrechtslehrer, Heft 16, Berlin 1958, S. 9 ff.; Neuabdruck in: Theo Stammen (Hrsg.), Strukturwandel der modernen Regierung, Darmstadt 1967, S. 109 ff., insb. S. 137.

[21] Ludwig K. Adamovich – Bernd-Christian Funk, Österreichisches Verfassungsrecht, 3. Auflage, Wien–New York 1985, S. 264 ff. und Robert Walter–Heinz Mayer, Grundriß des österreichischen Bundesverfassungsrechts, 7. Auflage, Wien 1992, S. 239 ff.

[22] Art. 69 ff. B-VG; Art. 62 ff. GG.

[23] Siehe dazu besonders Adamovich–Funk, Österreichisches Verfassungsrecht, S. 6, 13, 109 und dazu allgemein Karl Loewenstein, Verfassungsrecht und Verfassungsrealität, Archiv des Öffentlichen Rechts, Band 77, 1952, S. 487 ff.

[24] Art. 19 B-VG.

[25] Art. 69 ff. B-VG.

[26] Art. 24 ff., Art. 34 ff. B-VG.

[27] Art. 101 ff. B-VG.

[28] Art. 95 ff. B-VG.

leitende Tätigkeit mit Regierungs- und Parlamentsbezeichnung ausdrücklich benennen; die Regierungsfunktion selbst ergibt sich aus dem Inhalt der Tätigkeit und kann weiter reichen, als sich die Kompetenz der speziellen Regierungsorgane erstreckt.

Je nachdem, wie transparent das Verfassungsrecht als normative Grundordnung[29] eines Staates das öffentliche Leben in seinen Entscheidungszusammenhängen verdeutlicht, wird die Regierung als Organ und die Regierung als Funktion im Verfassungsrecht grundgelegt sein. Daneben ist es aber möglich, daß sich staatsleitende Kräfte aus der Verfassungswirklichkeit ergeben, in der sich das Verhältnis von Politik und Verfassung verdeutlicht. In diesem Zusammenhang sei an die Wirkkraft der politischen Parteien[30] und der Interessenverbände[31] gedacht.

Jedem Staat eignet mit seiner politischen Entwicklung und seiner Staatsrechtsordnung das ihm eigene Verhältnis von Politik und Verfassung sowie das von diesem Kräftefeld getragene Regierungssystem. *Das österreichische Regierungssystem im Verfassungsvergleich zur Bundesrepublik Deutschland* gilt es dabei in diesem meinem Vortrag darzustellen.

III. Über das System des österreichischen Verfassungsrechts

Die Verfassung[32] ist die Grundordnung eines Staates; als *Verfassung im formellen Sinn*[33] ist sie die normative Grundordnung eines Staates und drückt sich in generell abstrakten Rechtsnormen höchsten Ranges aus, die ausdrücklich als Verfassungsnormen gekennzeichnet sind.

29 Hans Kelsen, Allgemeine Staatslehre, Berlin 1925, S. 248 ff.; Werner Kägi, Die Verfassung als rechtliche Grundordnung des Staates, Untersuchungen über die Entwicklungstendenzen im modernen Verfassungsrecht, Zürich 1945, S. 248 ff.; Herbert Schambeck, Der Verfassungsbegriff und seine Entwicklung, in: Festschrift für Hans Kelsen zum 90. Geburtstag, hrsg. v. Adolf J. Merkl. u. a., Wien 1971, S. 211 ff.

30 Vgl. dazu Herbert Schambeck, Politische Parteien und österreichische Staatsrechtsordnung, in: Staatsrecht in Theorie und Praxis, Festschrift Robert Walter zum 60. Geburtstag, hrsg. v. Heinz Mayer u. a., Wien 1991, S. 603 ff.

31 Herbert Schambeck, Die Interessenverbände – Ihr Auftrag in Staat und Gesellschaft, in: Grundfragen der Politik, Konfrontationen 3, Wien-Freiburg-Basel 1968, S. 61 ff.; Karl Korinek, Kammern und Verbände in der österreichischen Rechtsordnung, Wirtschaftspolitische Blätter 1970, S. 3 ff.; Derselbe, Interessenvertretungen im Wandel, in: Peter Gerlich-Heinrich Neisser (Hrsg.), Europa als Herausforderung – Wandlungsimpulse für das politische System Österreichs, Wien 1994, S. 133 ff.

32 Vgl. dazu Karl Löwenstein, Verfassungslehre, 2. Auflage, Tübingen 1969, S. 127 ff. und Ulrich Scheuner, Verfassung, in: Ulrich Scheuner, Staatstheorie und Staatsrecht, Gesammelte Schriften, hrsg. v. Joseph Listl, Wolfgang Rüfner, Berlin 1978, S. 171 ff.

33 Herbert Schambeck, Der Verfassungsbegriff und seine Entwicklung, S. 211 ff. und Derselbe, Zum Begriff der Verfassung im formellen und im materiellen Sinn aus österreichischer Sicht, in: Recht als Aufgabe und Verantwortung, Festschrift Hans R. Klecatsky zum 70. Geburtstag, hrsg. v. Siegbert Morscher u. a., Wien 1990, S. 247 ff.

Das österreichische Verfassungsrecht ist anders als in Deutschland mit dem Bonner Grundgesetz von einem *Rechtsquellenpluralismus*[34] gekennzeichnet. Quellen des österreichischen Verfassungsrechts[35] sind die Verfassungsgesetze des Bundes und der Länder, die in einfachen Gesetzen enthaltenen Verfassungsbestimmungen sowie die verfassungsändernden Staatsverträge. Wie schon mein einstiger Lehrer Adolf Merkl[36], der selbst ein Schüler von Hans Kelsen war und 1919/1920 zu den Mitschöpfern des österreichischen Bundes-Verfassungsgesetzes zählte, erklärte, ist *„Verfassungsrecht kodifizierte Politik"*. In ihm drücken sich das politische Wollen eines Volkes und die ideenmäßige Bedingtheit des Staatsrechts sowie die Verbindung der staatsbegründenden und staatserhaltenden Kräfte zu einem System der Staatsrechtsordnung aus. In dieser Weise erfüllt jedes Verfassungsrecht in seiner Beziehung zur Politik eine Repräsentations- und Integrationsfunktion[37], zu denen noch in dem Mehrzweckestaat der Gegenwart zwei weitere Funktionen treten, nämlich die Antwort- und Sozialkorrekturfunktion.[38] Der Einzelmensch sucht im Staat der Gegenwart Antwort auf seine Frage nach Recht und Ordnung sowie eine Hilfe für seine Sozialbedürfnisse. Je mehr Regierungsorgane im Dienste einer demokratischen Verfassung ihre staatsleitenden Aufgaben erfüllen, desto mehr müssen sie auf alle diese Verfassungsfunktionen Bedacht nehmen.

Neben dem Verfassungsrecht als der Verfassung im formellen Sinn wird die *Verfassung im materiellen Sinn* für das jeweilige Regierungssystem mitbestimmend sein. Die Verfassung im materiellen Sinn ist *die politische Grundordnung eines Staates;* nach dem heutigen Stand der Verfassungsentwicklung umfaßt die Verfassung im materiellen Sinn die Ausübung der Staatsgewalt in den drei Staatsfunktionen der Gesetzgebung, der Gerichtsbarkeit und der Verwaltung (also die Staatsorganisationsvorschriften), die Regelung des Verhältnisses von Staat und Einzelmensch

[34] Hans R. Klecatsky, Bundes-Verfassungsgesetz und Bundesverfassungsrecht, in: Das österreichische Bundes-Verfassungsgesetz und seine Entwicklung, S. 96ff.

[35] Vgl. Art. 44 B-VG, Art. 99 Abs. 1 B-VG; Adamovich–Funk, Österreichisches Verfassungsrecht, S. 7ff. und Walter–Mayer, Grundriß des österreichischen Bundesverfassungsrechts, S. 2f.

[36] Wolf-Dietrich Grussmann, Adolf Julius Merkl – Leben und Werk, Schriftenreihe des Hans Kelsen Instituts, Band 13, Wien 1989; Adolf J. Merkl, Werk und Wirksamkeit, hrsg. v. Robert Walter, Wien 1990; Herbert Schambeck, Leben und Wirken von Adolf Julius Merkl, Schriftenreihe Niederösterreichische Juristische Gesellschaft, Heft 55, Wien 1990; Derselbe, Adolf Merkl und die Wiener Rechtstheoretische Schule, in: Staatsrecht und Staatswissenschaften in Zeiten des Wandels, Festschrift für Ludwig Adamovich, hrsg. v. Bernd-Christian Funk u.a., Wien–New York 1992, S. 621ff.

[37] Rudolf Smend, Staatsrechtliche Abhandlungen und andere Aufsätze, 2. erweiterte Auflage, Berlin 1968, insb. S. 136ff., 180ff. und 457ff. sowie Herbert Schambeck, Der Verfassungsbegriff und seine Entwicklung, S. 227f.

[38] Siehe näher Herbert Schambeck, Ethik und Staat, Schriften zum Öffentlichen Recht, Band 500, Berlin 1986, S. 120 und Peter Pernthaler, Allgemeine Staatslehre und Verfassungslehre, Wien–New York 1986, S. 120ff.

(in einem Grundrechtskatalog) und neuestens auch die Angabe von Staatszwecken und bei deren Vielzahl die ihres Ranges.[39]

Diesen Anforderungen der Verfassung im materiellen Sinn wird in der Verfassung im formellen Sinn, also im Verfassungsrecht des jeweiligen Staates, der politischen und gesellschaftlichen Entwicklung folgend, dem jeweiligen Verfassungsverständnis mehr oder weniger deckungsgleich entsprochen.

Das österreichische Bundes-Verfassungsgesetz 1920, als die wichtigste Verfassungsrechtsquelle Österreichs, enthält nur Angaben über die Staatsorganisation und keinen eigenen Grundrechtskatalog. Die Grundrechte wurden 1920 aus dem Staatsrecht der Monarchie, nämlich der Dezemberverfassung 1867, in das Verfassungsrecht der Republik übernommen.[40] Auf diese Weise gelten auch heute noch jene Grundrechte, die vor mehr als 100 Jahren die Liberalen einem damals noch absolutistisch denkenden Monarchen zu einer Zeit abgetrotzt haben, als es noch keine demokratisch gewählte Volksvertretung in Österreich gab. Da das österreichische Bundesverfassungsrecht anders als das Grundgesetz der Bundesrepublik Deutschland in seinen Art. 20 (1) und 28 (1), in welchen es die Bundesrepublik Deutschland als demokratischen und sozialen Rechts- und Bundesstaat erklärt[41], keine derartigen Staatszweckbestimmungen enthält, sieht man von der Erklärung der dauernden Neutralität im Bundesverfassungsgesetz vom 26. Oktober 1955[42], der umfassenden Landesverteidigung im Art. 9a B-VG[43], dem BVG über den umfassenden Umweltschutz[44], der Sicherung der Unabhängigkeit des Rundfunks[45], dem Bekenntnis zur Existenz und Vielfalt politischer Parteien durch die

[39] Adolf Merkl, Staatszweck und öffentliches Interesse, ein Beitrag zur Nomenklatur der Verwaltungsrechtslehre, Verwaltungsarchiv, 28. Band, 1919, S. 268ff., Neudruck in: Die Wiener Rechtstheoretische Schule, Schriften von Hans Kelsen, Adolf Julius Merkl und Alfred Verdross, hrsg. v. Hans Klecatsky, René Marcic und Herbert Schambeck, Band 2, Wien-Salzburg 1968, S. 1559ff.; Ulrich Scheuner, Staatszielbestimmungen, in: Festschrift für Ernst Forsthoff zum 70. Geburtstag, hrsg. v. Roman Schnur, München 1972, S. 325ff.; Herbert Schambeck, Die Staatszwecke der Republik Österreich, in: Hans R. Klecatsky (Hrsg.), Die Republik Österreich – Gestalt und Funktion ihrer Verfassung, Wien 1968, S. 243ff. und Derselbe, Von den Staatszwecken Österreichs, in: Herbert Schambeck (Hrsg.), Parlamentarismus und öffentliches Recht in Österreich, Entwicklung und Gegenwartsprobleme, 1. Teilband, Berlin 1993, S. 3ff.

[40] Art. 149 B-VG; Hans Kelsen, Österreichisches Staatsrecht, S. 220.

[41] Hans Jarass, Bodo Pieroth, Grundgesetz für die Bundesrepublik Deutschland, Kommentar, 2. Auflage, München 1992, S. 353ff. und 427ff. sowie Klaus Stern, Das Staatsrecht der Bundesrepublik Deutschland, Grundbegriffe und Grundlagen des Staatsrechts, Strukturprinzipien der Verfassung, 2. Auflage, Band 1, München 1984, S. 551ff.

[42] BGBl. Nr. 211/1955.

[43] B-VG Novelle vom 10. Juni 1975, BGBl. Nr. 368.

[44] BGBl. Nr. 491/1984. Zum Umweltschutz als Staatsziel vgl. Joseph Marko, Umweltschutz als Staatsziel, Österreichische Juristenzeitung 1986, S. 289ff.; Peter Pernthaler, Bemerkungen zum Recht auf Umweltschutz, in: Reinhard Rack (Hrsg.), Grundrechtsreform, Wien-Köln-Graz 1985, S. 205ff., insb. S. 207.

[45] B-VG Novelle vom 10. Juli 1974, BGBl. Nr. 396/1974. Vgl. dazu Herbert Schambeck, Von den Staatszwecken Österreichs, S. 23.

Verfassungsbestimmung des Art. I des Parteiengesetzes[46] und den an Bund, Länder und Gemeinden gerichteten Auftrag zur Sicherstellung des gesamtwirtschaftlichen Gleichgewichts bei der Haushaltsführung laut Art. 13 Abs. 2 B-VG[47] ab, kommt den Grundrechten über den Schutz der Stellung des Einzelnen gegenüber dem Staat hinaus eine die Ausübung der Staatsgewalt und damit das politische Wollen des Staates überhaupt begrenzende sowie die Regierungstätigkeit bestimmende Bedeutung zu.[48]

Je weniger der Verfassungsgesetzgeber in das Verfassungsrecht aufgenommen hat, desto größer ist der Bereich, der den Kräften des öffentlichen Lebens für die Politik und damit für die Beschlußfassung von einfachen Gesetzen offensteht. Das österreichische Verfassungsrecht ist im B-VG 1920, wie viele andere Verfassungen, auf dem Weg eines mehrfachen Kompromisses zustande gekommen und enthält über all das, was über die Staatsorganisation hinausgeht, keine umfassenden Aussagen! *Das österreichische Verfassungsrecht* ist, um einen von René Marcic gebrauchten Ausdruck zu verwenden, *von „einem beredten Stillschweigen“*[49] *gekennzeichnet,* das sich sowohl auf die politischen Kräfte des Landes, wie auf die Staatszielsetzungen bezieht, was für das Regierungssystem nicht unwichtig ist. Diese Freiräume haben die politischen Parteien und die Interessenverbände zu nutzen gewußt und ihren Einfluß so entfaltet, daß *Österreich ein Parteien- und Verbändestaat*[50] wurde, was für die Entstehung und die Entwicklung der Republik Österreich im allgemeinen ebenso bestimmend war, wie für das österreichische Regierungssystem im besonderen.

IV. Von der konstitutionellen Monarchie zur parlamentarischen Republik

Die Existenzbedingungen der österreichischen Staatsrechtsordnung sind erkennbar aus der *Entwicklung Österreichs,* das sich seiner Staatsform nach 1918 *von einer konstitutionellen Monarchie zu einer parlamentarischen Republik* gewandelt hat, sowie seinem *Staatsaufbau* nach *von einem dezentralisierten Einheitsstaat zu einem Bundesstaat,* wobei diese Vorgänge anders als in Deutschland von einem *Bruch der Rechtskontinuität in Österreich*[51] begleitet waren. Die *1918* neu entstan-

[46] BGBl. Nr. 404/1975.

[47] B-VG Novelle vom 4. April 1986, BGBl. Nr. 212.

[48] Herbert Schambeck, Die Grundrechte im demokratischen Verfassungsstaat, in: Ordnung im sozialen Wandel, Festschrift für Johannes Messner zum 85. Geburtstag, hrsg. v. Alfred Klose u. a., Berlin 1976, S. 445ff.

[49] René Marcic, Das beredte Schweigen der Verfassung, in: Im Dienste der Sozialreform, Festschrift für Karl Kummer, hrsg. v. Anton Burghardt u. a., Wien 1965, S. 403ff.

[50] Herbert Schambeck, Die Demokratie, S. 220ff. und Adamovich-Funk, Österreichisches Verfassungsrecht, S. 109.

[51] Hans Kelsen, Österreichisches Staatsrecht, S. 22ff.; Ludwig Adamovich, Handbuch des österreichischen Verfassungsrechts, 6. Auflage, Wien 1971, S. 24 Anm. 18.

dene Republik Deutsch-Österreich sah sich staats- und völkerrechtlich nicht als Rechtsnachfolger des österreichischen Teils der Donaumonarchie[52] an, der staatsrechtlich hieß: „die im Reichsrat vertretenen Königreiche und Länder".[53] Dieses Restösterreich betrachtete sich auch nicht als Nachfolger des ehemals kriegsführenden Staates und schloß daher 1919 in Saint Germain keinen Friedensvertrag ab, wie Deutschland in Versailles, sondern einen Staatsvertrag.[54] Aus der Sicht der Staatslehre war für Österreich 1918[55] eine Dismembration[56] gegeben, ein Staatsgebiet zerfiel in mehrere Neustaaten, womit sich die Herrschaft eines Völkerrechtssubjektes durch Spaltung in mehrere voneinander unabhängige Sach-, Personal- und Gebietshoheiten auflöst und aus einem Kernland ein Neustaat entwickelt. Anders war die Situation in Deutschland, wo das bundesstaatlich aufgebaute Deutsche Reich 1918 zwar seine Staatsform durch Ausrufung der Republik änderte, aber die spätere Weimarer Republik nicht nur das föderalistische Verfassungsprinzip Deutschlands, sondern auch seine Rechtskontinuität fortsetzte.[57]

Wenn ich in einem Vortrag über das österreichische Regierungssystem im Verfassungsvergleich zur Bundesrepublik Deutschland auf das Jahr 1918 besonders hinweise, dann deshalb, weil in diesem Jahr mit dem Ende des 1. Weltkrieges und dem *Wechsel von der monarchischen zur republikanischen Staatsform* eine Weichenstellung in beiden Staaten erfolgte, die sich bis heute auswirkt.

Der Beginn der Verfassungswerdung der neuen Republik in Österreich stand übrigens unter dem starken Einfluß der Verfassung der Weimarer Republik[58], zu der anfangs aus verschiedenen Gründen eine Anschlußbedürftigkeit erwachte, die aber durch das Anschlußverbot und Selbständigkeitsgebot des Staatsvertrages von

[52] Adolf Merkl, Die Verfassung der Republik Deutschösterreich, S. 2ff.; Ernst C. Hellbling, Österreichische Verfassungs- und Verwaltungsgeschichte, S. 400ff. und Wilhelm Brauneder, Österreichische Verfassungsgeschichte, S. 187ff.

[53] § 1 des Gesetzes vom 21. Dezember 1867, RGBl. Nr. 141 mit dem das Grundgesetz über die Reichsvertretung vom 26. Februar 1861 abgeändert wird. Abgedruckt bei Edmund Bernatzik (Hrsg.), Die österreichischen Verfassungsgesetze, Leipzig 1906, S. 356.

[54] Staatsvertrag von Saint Germain vom 10. 9. 1919, StGBl. Nr. 303/1920. Vgl. dazu Ernst C. Hellbling, Österreichische Verfassungs- und Verwaltungsgeschichte, S. 426ff.

[55] Siehe Österreich November 1918, Die Entstehung der Ersten Republik, Wissenschaftliche Kommission zur Erforschung der Geschichte der Republik Österreich, Veröffentlichungen Band 9, Wien 1986; Ludwig Adamovich, Grundriß des österreichischen Staatsrechtes, 2. Auflage, Wien 1932, S. 18ff.

[56] Dazu Georg Jellinek, Allgemeine Staatslehre, S. 284; Adolf Merkl, Gedanken zur Entstehung und Entwicklung der Republik Österreich und ihrer Verfassung, in: Festschrift für Ernst Carl Hellbling zum 70. Geburtstag, hrsg. v. Hans Lentze-Peter Putzer, Salzburg 1971, S. 517ff., insb. S. 531f. sowie Felix Ermacora, Allgemeine Staatslehre, 2. Teilband, Berlin 1970, S. 1152.

[57] Klaus Stern, Das Staatsrecht der Bundesrepublik Deutschland, Band 1, S. 644ff.

[58] Adolf Merkl, Die Verfassung der Republik Deutschösterreich, Wien und Leipzig 1919, S. 11ff. und Willibalt Apelt, Geschichte der Weimarer Verfassung, 2., unveränderte Auflage, München und Berlin 1964, S. 54f.

Saint Germain 1919[59] juristisch bald ein Ende fand, politisch aber einen eigenen Weg nahm, der unabhängig vom späteren Nationalsozialismus in der Parteienlandschaft Österreichs in der Zwischenkriegszeit bisweilen erkennbar war.

Das Verfassungsrecht eines Staates ist der normativrechtlich gewordene Ausdruck des politischen Bewußtseins eines Volkes. Dieses Bewußtsein hat nach einer Zeit des Verfassungsüberganges 1918 und 1919 in Österreich 1920 seine staatsrechtliche Form im Bundes-Verfassungsgesetz 1920 gefunden, wodurch Österreich eine parlamentarische Republik wurde, nämlich ein Staat, in dem *der Bestand der Regierung vom Vertrauen* der Volksvertretung, in Österreich *des Nationalrates, abhängt;*[60] *1929* hat dieses Verfassungs- und Regierungssystem eine Modifikation durch die noch heute in Geltung stehende *Novelle*[61] zum B-VG gefunden, welche *die Stellung des Bundespräsidenten stärkte*[62] und dem österreichischen Regierungssystem einen präsidentschaftsrepublikanischen Einschlag[63] gab. Der Bundespräsident ernennt zwar die Regierung, in ihrem Bestand ist sie aber vom Vertrauen der Nationalratsmehrheit abhängig.

Betrachtet man auch nur kurz und skizzenhaft dieses österreichische Bundes-Verfassungsgesetz, dann könnte man *drei Gruppen von Verfassungsnormen* nach der Einstellung des Rechtsinhaltes zur bisherigen, aufgrund der Dezemberverfassung 1867 geltenden Staatsrechtsordnung vor 1918 einteilen: *erstens solche, welche das bisherige Verfassungssystem geändert haben,* dazu zählen vor allem die über die Staatsform als Republik und über den Aufbau als Bundesstaat, wobei Österreich mit der Märzrevolution 1848 den Weg zur Demokratie angetreten hat und sich 1918 aus den Kronländern der Monarchie die Bundesländer der Republik Österreich entwickelt haben.[64] Dabei soll es nicht unerwähnt bleiben, daß die österreichischen Kronländer als Teil eines dezentralisierten Einheitsstaates einzeln mit dem österreichischen Kaiser so in Verbindung standen, daß er ihr Herrscher in verschiedener Beziehung, wie z. B. als Erzherzog, Herzog, gefürsteter Graf etc. war[65], während zur selben Zeit in Deutschland der deutsche Kaiser das Oberhaupt

[59] Art. 88 Staatsvertrag von Saint Germain, StGBl. Nr. 303/1920; dazu allgemein Hans Kelsen, Die staatsrechtliche Durchführung des Anschlusses Österreichs an das Deutsche Reich, Wien 1927.

[60] Vgl. Art. 74 B-VG.

[61] Bundes-Verfassungsgesetznovelle 1929, BGBl. Nr. 392/1929; V-ÜG 1929, BGBl. Nr. 393/1929.

[62] Art. 60 B-VG (Volkswahl des Bundespräsidenten), Art. 29 Abs. 1 (Auflösung des Nationalrates), Art. 18 Abs. 3–5 (Notverordnungsrecht des Bundespräsidenten), Art. 70 Abs. 1 Ernennung der Bundesregierung, Art. 80 Abs. 1 Oberbefehl des Bundesheeres. Adamovich–Funk, Österreichisches Verfassungsrecht, S. 261ff.

[63] Adamovich–Funk, Österreichisches Verfassungsrecht, S. 118ff.; Walter–Mayer, Grundriß des österreichischen Bundesverfassungsrechts, S. 27.

[64] Herbert Schambeck, Der Föderalismus der Republik Österreich, in: 30 Jahre Grundgesetz, hrsg. v. Detlef Merten, Rudolf Morsey, Berlin 1979, S. 55ff.; Derselbe, Zum Werden und den Aufgaben des österreichischen Föderalismus, in: derselbe (Hrsg.), Föderalismus und Parlamentarismus in Österreich, Wien 1992, S. 17ff.

[65] Die staatlichen Embleme und Symbole, 1. Titel und Namen, abgedruckt in: Edmund Bernatzik (Hrsg.), Die österreichischen Verfassungsgesetze, S. 30ff.

eines Bundesstaates war, dessen Bundesländer eigene Repräsentanten, sei es als König, Großherzog, Bürgermeister etc., hatten.[66]

Nach *1918* hat *Deutschland seine föderalistische Tradition* in der Weimarer Verfassung[67] *fortgesetzt, während Österreich* in seinem Bundes-Verfassungsgesetz *die Bundesstaatlichkeit neu begann.*[68]

Die *zweite Gruppe von Verfassungsnormen hat das bisherige Verfassungssystem angepaßt an die neue republikanische Staatsform.* Dazu zählt das System der Rechtsstaatlichkeit[69], der Gerichts- und Verwaltungsorganisation[70] sowie der Kontrolle dieser Staatsfunktionen.[71] So gibt es in Österreich seit 1781 eine Rechnungshofkontrolle[72], seit der Dezemberverfassung 1867 eine Verfassungs-[73] und Verwaltungsgerichtsbarkeit[74], die in der Verfassung der Republik 1918 fortgesetzt wur-

[66] PAUL LABAND, Das Staatsrecht des Deutschen Reiches, in: Handbuch des öffentlichen Rechts, Zweiter Band. Das Staatsrecht des Deutschen Reichs und der Deutschen Staaten. I., Freiburg i. B., Tübingen 1883, S. 1ff. (6. Auflage Tübingen 1912 unter dem Titel: Deutsches Reichsstaatsrecht, 7. Auflage 1919, bearbeitet von Otto Mayer.)

[67] RICHARD THOMA, Das Reich als Bundesstaat, in: Gerhard Anschütz, Richard Thoma (Hrsg.), Handbuch des Deutschen Staatsrechts, Erster Band, Tübingen 1930, S. 175ff.

[68] HANS KELSEN, Die Entwicklung des Staatsrechts in Österreich seit dem Jahr 1918, in: Handbuch des Deutschen Staatsrechts, Erster Band, S. 149, vgl. insb. S. 150ff.

[69] ALBERT BLECKMANN, Vom subjektiven zum objektiven Rechtsstaatsprinzip, Jahrbuch des Öffentlichen Rechts 1987, S. 1987, S. 1ff. In Österreich wird das rechtsstaatliche Prinzip als sogenanntes „Baugesetz" vorausgesetzt. EDWIN LOEBENSTEIN, Der Rechtsstaat, in: Das österreichische Bundes-Verfassungsgesetz und seine Entwicklung, S. 253ff.

[70] Vgl. dazu: WALTER-MAYER, Grundriß des österreichischen Bundesverfassungsrechts, S. 202ff., 284ff., 309ff.; ADAMOVICH-FUNK, Österreichisches Verfassungsrecht, S. 233ff., 281ff., 289ff.; Handbuch des Staatsrechts der Bundesrepublik Deutschland, Band II, S. 523ff., Band IV, Heidelberg 1990, S. 857ff., 1133ff.

[71] HERBERT SCHAMBECK, Die parlamentarische Kontrolle der Regierung im Dienste des demokratischen Rechtsstaates, in: Der Staat als Aufgabe, Gedenkschrift für Max Imboden, hrsg. v. Peter Saladin und Luzius Wildhaber, Basel und Stuttgart 1972, S. 293ff.; PETER GERLICH, Parlamentarische Kontrolle im politischen System, Wien 1973; HEINRICH NEISSER, Die Kontrollfunktion des Parlaments, in: Österreichs Parlamentarismus, Werden und System, S. 652ff.; FELIX ERMACORA, Die politische Kontrolle, in: Das österreichische Bundes-Verfassungsgesetz und seine Entwicklung, S. 511ff.; LUDWIG ADAMOVICH, Die rechtliche Kontrolle, ebenda, S. 541ff.; WALTER SCHWAB, Die finanzielle Kontrolle, ebenda, S. 563ff.

[72] 200 Jahre Rechnungshof, hrsg. vom Präsidium des Rechnungshofes, Wien 1961; JOHANNES HENGSTSCHLÄGER, Der Rechnungshof, Berlin 1982; HELMUT WIDDER, Rechnungshof und Volksanwaltschaft, in: Herbert Dachs, Peter Gerlich u. a. (Hrsg.), Handbuch des Politischen Systems Österreichs, Wien 1992, S. 164ff.

[73] Staatsgrundgesetz über das Reichsgericht vom 21. Dezember 1867, RGBl. Nr. 143, abgedruckt in: Edmund Bernatzik (Hrsg.), Die österreichischen Verfassungsgesetze, S. 427. Siehe darüber hinaus: Hundert Jahre Verfassungsgerichtsbarkeit. Fünfzig Jahre Verfassungsgerichtshof in Österreich, hrsg. v. Felix Ermacora, Hans Klecatsky, René Marcic, Wien-Frankfurt-Zürich 1968.

[74] Staatsgrundgesetz über die Richterliche Gewalt vom 21. Dezember 1867, RGBl. Nr. 144, Art. 15, abgedruckt in: Edmund Bernatzik (Hrsg.), Die österreichischen Verfassungsgesetze, S. 433. Vgl. auch Die Entwicklung der österreichischen Verwaltungsgerichtsbarkeit. Festschrift zum 100jährigen Bestehen des österreichischen Verwaltungsgerichtshofes, hrsg. v. Friedrich Lehne, Edwin Loebenstein, Bruno Schimetschek, Wien-New York 1976.

den und 1977 durch die Volksanwaltschaft[75] eine ombudsmanähnliche Ergänzung erfahren haben.

Die Bezirkshauptmannschaften[76] der Monarchie als die Verwaltungsbehörden zwischen den Gemeinden und dem jeweiligen Land – früher Kron-, seit 1918 Bundesland genannt – bestehen heute wie vor einhundert Jahren und auch der Hofratstitel ist selbst nach Abschaffung des Hofs der Monarchie einer der begehrtesten Titel der Republik, der nicht nur weisungsgebundenen und gehorsamspflichtigen Verwaltungsbeamten, sondern auch Richtern[77] verliehen wird. So wie in der Bundesrepublik Deutschland die Höchstrichter als Bundesrichter[78] bezeichnet werden, wird der Hofratstitel auch für Richter des Obersten Gerichtshofes und des Verwaltungsgerichtshofes als Funktions- und Standesbezeichnung verwendet!

Als *dritte Gruppe* sind *jene Staatsrechtsbestimmungen* zu nennen, *die* weder in Zu- noch in Abwendung zum Staatsrecht der Monarchie dem österreichischen Verfassungsrecht angehören, sondern *neue Rechtsgebiete bilden,* dazu zählen u. a. die Einrichtungen der direkten Demokratie[79] wie Volksbegehren[80], Volksbefragung[81] und Volksabstimmung[82].

Diese *plebiszitären Verfassungseinrichtungen* zählen ebenso wie die Stellung des Staatsoberhauptes zu den Verfassungseinrichtungen Österreichs, die unter einem Einfluß der Weimarer Verfassung[83] standen und die daher auch, da die Verfassungsüberleitung 1945[84] auf das Bundes-Verfassungsgesetz 1920 i. d. F. der Novelle 1929 zurückgriff, während die Bundesrepublik Deutschland nach Beendigung des 2. Weltkrieges nicht die Weimarer Verfassung übernahm, sondern sich im Grundgesetz eine neue Staatsrechtsordnung[85] gab, heute noch gelten.

75 Hans R. Klecatsky – Victor Pickel, Die Volksanwaltschaft, Wien 1990.

76 100 Jahre Bezirkshauptmannschaften in Österreich, Festschrift, hrsg. v. Johannes Gründler, Wien 1970, S. 31 ff. und Ernst C. Hellbling, Österreichische Verfassungs- und Verwaltungsgeschichte, S. 385, 486.

77 Siehe etwa Art. V Richterdienstgesetz-Novelle, BGBl. Nr. 136/1979.

78 Vgl. z. B. § 58 des Gesetzes über das Bundesverfassungsgericht vom 12. März 1951 (BGBl. I S. 243) in der Fassung der Bekanntmachung vom 12. Dezember 1985 (BGBl. I S. 2229) (BGBl. III 1104-1).

79 Vgl. dazu Herbert Schambeck, Repräsentative und plebiszitäre Komponenten im demokratischen Verfassungsstaat Österreich, in: „MNHMH", Gedächtnisschrift für Michael A. Dendias, hrsg. v. Jean Rivero u. a., Athen – Paris 1978, S. 209 ff.

80 Art. 42, 46 Abs. 1 B-VG sowie das Volksbegehrensgesetz 1973, BGBl. Nr. 344/1973, i. d. F. BGBl. Nr. 505/1994. Herbert Schambeck, Das Volksbegehren, Recht und Staat, Heft 400/401, Tübingen 1971.

81 Art. 49 b B-VG, Volksbefragungsgesetz 1989, BGBl. Nr. 356/1989 i. d. F. BGBl. Nr. 505/1994.

82 Art. 44 Abs. 2, 3 B-VG, Volksabstimmungsgesetz 1972, BGBl. Nr. 79/1973 i. d. F. BGBl. Nr. 339/1993.

83 Vgl. Willibalt Apelt, Geschichte der Weimarer Verfassung, S. 201 ff., 241 ff. und Hans Spanner, Die Entwicklung, in: Das österreichische Bundes-Verfassungsgesetz und seine Entwicklung, S. 35.

84 Art. 1 des Verfassungsgesetzes vom 1. Mai 1945 über das neuerliche Wirksamwerden des Bundes-Verfassungsgesetzes in der Fassung von 1929 (Verfassungsüberleitungsgesetz V-ÜG).

85 Vgl. dazu Reinhard Mussgnug, Zustandekommen des Grundgesetzes und Entstehen der Bundesrepublik Deutschland, in: Handbuch des Staatsrechts, Band I, 219 ff.

V. Über die Rechte des Parlaments

Die politische Entwicklung Österreichs *1918* war zunächst in Erfüllung eines noch in der Monarchie entstandenen Wunsches nach Abschaffung des Mehrheitswahlsystems auf die *Einführung des Verhältniswahlsystems*[86] hin ausgerichtet, damals vor 1918, um im Parlament, nämlich im Abgeordnetenhaus, nach der Stärke der politischen Parteien dem Monarchen und seiner Regierung gegenüber vertreten zu sein und auftreten zu können.

Auch nach dem 2. Weltkrieg und dem Ende dieser autoritären diktatorischen Zeit in Österreich und Deutschland blieb nach der Wiederinkraftsetzung des B-VG 1920[87] in Österreich und der Beschlußfassung des Grundgesetzes in der Bundesrepublik Deutschland 1949 das Verhältniswahlrecht eine Kontinuität[88], die aber nun in den letzten Jahrzehnten dazu geführt hat, daß in Deutschland eine Kleinpartei über das Regierungsschicksal der Großparteien bestimmt und in Österreich zunächst bis 1966 Koalitionen der Großparteien folgten, die zu einem Proporzdenken führten, das sich in bestimmter Weise auch dann noch fortsetzte, als 1966 zunächst bis 1970 die ÖVP und hernach nach einjähriger Minderheitsregierung die SPÖ bis 1983 eine Alleinregierung bildete, die sie nach Verlust der absoluten Mehrheit in Koalitionen fortsetzt.

Es ist sehr interessant, daß gerade dieser Wechsel an Oppositionssituation und hernach Regierungsfunktion aller politischen Parteien Österreichs bis 1970 zu einem neuen *Parlamentarismusbewußtsein* geführt hat, das *Geschäftsordnungsreformen* in beiden Kammern des österreichischen Parlaments[89] zur Folge hatte, die besonders durch *Schaffung von Minderheitsrechten* auf eine wirksamere Kontrolle der Regierung sowie der Verwaltung durch den Nationalrat[90] und eine Verbesserung der Stellung des Bundesrates[91] abgestellt waren.

[86] Herbert Schambeck, Wahlrechtsordnung und Regierungssystem in Österreich, in: Festschrift für Adolf J. Merkl, hrsg. v. Max Imboden u. a., München - Salzburg 1970, S. 335ff. Die Forderung nach dem Verhältniswahlsystem wurde zum ersten Mal von den Sozialdemokraten in ihrem Parteiprogramm von 1901 erhoben. Siehe auch Klaus Berchtold (Hrsg.), Österreichische Parteiprogramme 1868–1966, Wien 1967, S. 147.

[87] Vgl. FN 84.

[88] Art. 38 GG sowie die Judikatur des Bundesverfassungsgerichtes: BVerfGE 1, 208/246f.; 66, 291/304.

[89] Werner Zögernitz, Das parlamentarische Verfahren ab 1920, in: Parlamentarismus und öffentliches Recht, 1. Teilband, S. 235ff. und zur Entwicklung allgemein Konrad Atzwanger, Die Entwicklung des parlamentarischen Geschäftsordnungsrechts 1848 bis 1919, ebenda, S. 221ff.

[90] Bundesgesetz vom 4. Juli 1975 über die Geschäftsordnung des Nationalrates (Geschäftsordnungsgesetz 1975), BGBl. Nr. 410/1975 i. d. F. BGBl. Nr. 569/1993, Konrad Atzwanger, Alfred Kobzina, Werner Zögernitz, Nationalrat-Geschäftsordnung, 2. Auflage, Wien 1990 und Ergänzungsband, Wien 1993.

[91] Geschäftsordnung des Bundesrates (GO-BR), BGBl. Nr. 191/1988; Konrad Atzwanger, Werner Zögernitz, Bundesrat-Geschäftsordnung 1988, Wien 1989. Einfachgesetzlich gewährleistete Minderheitsrechte in der Geschäftsordnung des Bundsrates:

Als wichtigstes Minderheitsrecht sei zunächst *das Interpellationsrecht*[92] genannt. Eine schriftliche Anfrage bedarf im Nationalrat der Unterstützung von insgesamt fünf Abgeordneten, für den Bundesrat ist eine Unterstützung von drei Bundesräten vorgesehen.[93] Über die schriftliche Beantwortung hat eine Besprechung stattzufinden, wenn sie von 20 Abgeordneten schriftlich verlangt wird. Eine kurze Debatte über die schriftliche Beantwortung einer Anfrage hat stattzufinden, wenn dies von fünf Abgeordneten verlangt wird. Im Bundesrat hat eine Besprechung stattzufinden, wenn dies von mindestens fünf Bundesräten schriftlich verlangt wird.[94] Über die mündliche Beantwortung einer schriftlichen Anfrage hat auf Verlangen von fünf Abgeordneten bzw. fünf Bundesräten eine Debatte stattzufinden.[95] In Form des innerparlamentarischen Anfragerechts steht jedem Abgeordneten und jedem Bundesrat das Recht zu, an den Präsidenten des Nationalrates bzw. Bundesrates und an die Obmänner der Ausschüsse schriftliche Anfragen zu richten.[96] Die dringliche Behandlung einer schriftlichen Anfrage hat stattzufinden, wenn dies von mindestens fünf Abgeordneten bzw. fünf Bundesräten verlangt wird.[97] Neben der schriftlichen Anfrage ist jedes Mitglied des Nationalrates und des Bundesrates befugt, in den Sitzungen kurze mündliche Anfragen an die Mitglieder der Bundesregierung zu richten.[98] Mit der Aktuellen Stunde werden im Nationalrat die Plenarberatungen einer Sitzungswoche eingeleitet, wenn dies von fünf Abgeordneten verlangt wird.[99]

Ein weiteres verfassungsgesetzlich eingeräumtes Minderheitsrecht besteht bezüglich der *Gesetzesvorschläge* an den Nationalrat. Diese gelangen an den Nationalrat u. a. als Anträge seiner Mitglieder, des Bundesrates oder eines Drittels der Mitglieder des Bundesrates.[100] Eine nähere Ausgestaltung dieses Rechtes findet sich in der Geschäftsordnung des Nationalrates dahingehend, daß jeder Abgeordnete

- Jeder Antragsteller hat das Recht, die Aufnahme der Vorberatungen zu verlangen: § 21 Abs. 5 GO-BR,
- Namentliche Abstimmung: § 54 Abs. 3 GO-BR,
- Durchführung einer Wahl mit Stimmzettel, falls nur ein Wahlvorschlag vorliegt: § 56 Abs. 1 GO-BR,
- Debatte über Wahlvorschläge: § 57 Abs. 2 GO-BR,
- Namentliche Abstimmung im Ausschuß: § 32 Abs. 2 lit. i GO-BR,
- Analoger Bericht an den Bundesrat, wenn ein Selbständiger Antrag von Bundesräten mit Stimmenmehrheit abgelehnt wurde: § 32 Abs. 6 GO-BR,
- Minderheitsbericht: § 32 Abs. 8 GO-BR.

92 Art. 52 B-VG; §§ 90ff. GeoG-NR, §§ 59ff. GO-BR.
93 § 91 Abs. 1 GeoG-NR, § 59 Abs. 2 GO-BR.
94 §§ 92 Abs. 2, 92a Abs. 1 GeoG-NR, § 60 Abs. 2 GO-BR.
95 § 91 Abs. 4 letzter Satz GeoG-NR, § 59 Abs. 7 GO-BR.
96 § 89 GeoG-NR, § 59 Abs. 1 GO-BR.
97 § 93 Abs. 3 GeoG-NR, § 61 Abs. 3 GO-BR.
98 Art. 52 Abs. 3 B-VG; § 94 Abs. 1 GeoG-NR, § 62 Abs. 1 GO-BR.
99 § 97a Abs. 1 GeoG-NR.
100 Art. 41 Abs. 1 B-VG; § 69 Abs. 1 GeoG-NR.

berechtigt ist, in den Sitzungen des Nationalrates Selbständige Anträge einzubringen, wobei dieser Antrag mit Einrechnung des Antragstellers von mindestens fünf Abgeordneten unterstützt sein muß.[101] Über solche Gesetzesvorschläge ist eine Erste Lesung durchzuführen, wenn es im Antrag verlangt wird.[102] Die Bundesratsgeschäftsordnung sieht vor, daß jeder Bundesrat das Recht hat, einen Selbständigen Antrag auf Ausübung der Gesetzesinitiative des Bundesrates zu stellen, der mit Einrechnung des Antragstellers von mindestens drei Bundesräten unterstützt sein muß.[103] Hinsichtlich der Änderung des B-VG, BGBl. Nr. 276/1992, daß nun auch ein Drittel der Mitglieder des Bundesrates Gesetzesvorschläge an den Nationalrat richten können, wurde noch keine nähere Ausgestaltung in der Bundesratsgeschäftsordnung vorgenommen.

Weiters bestimmt das B-VG, daß eine Teiländerung der Bundesverfassung einer *Volksabstimmung* zu unterziehen ist, wenn dies von einem Drittel der Mitglieder des Nationalrates oder des Bundesrates verlangt wird.[104] In Zusammenhang mit Gesetzen wird außerdem noch festgelegt, daß ein Drittel der Mitglieder des Nationalrates oder ein Drittel der Mitglieder des Bundesrates einen Antrag auf Überprüfung eines Bundesgesetzes beim Verfassungsgerichtshof stellen können.[105]

In Zusammenhang mit der *Einberufung des Nationalrates* zu außerordentlichen Tagungen wird festgelegt, daß der Bundespräsident verpflichtet ist, den Nationalrat u. a. zu einer solchen einzuberufen, wenn dies mindestens ein Drittel der Mitglieder des Nationalrates verlangt.[106] Für den Bundesrat wird bestimmt, daß der Präsident verpflichtet ist, den Bundesrat sofort einzuberufen, wenn wenigstens ein Viertel seiner Mitglieder dies verlangt.[107]

Ein Minderheitsrecht im Rahmen des Mißtrauensvotums findet sich in der Geschäftsordnung des Nationalrates dahingehend, daß die Abstimmung über die Entschließung, durch die der Bundesregierung oder einzelnen ihrer Mitglieder das Vertrauen versagt werden soll, auf den zweitnächsten Werktag zu vertagen ist, wenn ein Fünftel der Abgeordneten dies verlangt.[108] In Zusammenhang mit dem Enqueterecht des Art. 53 Abs. 1 B-VG legt die Geschäftsordnung des Nationalrates fest, daß die Abstimmung über die Einsetzung eines Untersuchungsausschusses an den Beginn der nächsten Sitzung zu verlegen ist, wenn ein Fünftel der Abgeordneten dies verlangt.[109]

[101] § 26 Abs. 1 und 4 GeoG-NR.
[102] § 69 Abs. 4 GeoG-NR.
[103] § 21 Abs. 1 und 3 GO-BR.
[104] Art. 44 Abs. 3 B-VG; § 85 GeoG-NR, § 26 Abs. 1 GO-BR.
[105] Art. 140 Abs. 1 B-VG; § 86 GeoG-NR, § 26 Abs. 2 GO-BR.
[106] Art. 28 Abs. 2 B-VG; § 46 Abs. 2 GeoG-NR.
[107] Art. 36 Abs. 3 B-VG; § 40 Abs. 1 GO-BR.
[108] Art. 74 Abs. 2 B-VG; § 67 Abs. 1 GeoG-NR.
[109] § 33 Abs. 2 GeoG-NR.

In der Geschäftsordnung des Nationalrates finden sich noch *weitere Minderheitsrechte.* Bezüglich eines Antrages auf Abhaltung einer parlamentarischen Enquete ist ein solcher in Verhandlung zu nehmen, wenn in einer Sitzung des Hauptausschusses dies von mindestens einem Drittel der stimmberechtigten Abgeordneten verlangt wird.[110] Der Rechnungshof hat eine Gebarungsüberprüfung ohne Beschluß des Nationalrates durchzuführen, wenn ein gem. § 26 GeoG-NR eingebrachter Antrag von mindestens 20 Abgeordneten unterstützt ist.[111] Auch an den Präsidenten des Rechnungshofes können Anfragen gerichtet werden. Diese Anfragen benötigen ebenfalls die Unterstützung von mindestens fünf Abgeordneten unter Einrechnung des Fragestellers.[112] Auf Verlangen eines Viertels der Mitglieder des Nationalrates ist dem Ständigen Unterausschuß des Rechnungshofausschusses der Auftrag zu erteilen, einen bestimmten Vorgang zu prüfen.[113] Der Ständige Unterausschuß zur Überprüfung von Maßnahmen zum Schutz der verfassungsmäßigen Einrichtungen und ihrer Handlungsfähigkeit sowie der Ständige Unterausschuß zur Überprüfung von nachrichtendienstlichen Maßnahmen zur Sicherung der militärischen Landesverteidigung (Art. 52a B-VG) sind vom Vorsitzenden jeweils so einzuberufen, daß diese binnen zwei Wochen zusammentreten können, wenn dies von je einem Viertel ihrer Mitglieder verlangt wird.[114] Hat ein Ausschuß die Vorberatung eines Selbständigen Antrages von Abgeordneten nicht binnen sechs Monaten nach Zuweisung der Vorlage begonnen, so kann vom Antragsteller binnen weiterer sechs Monate verlangt werden, daß die Vorberatung innerhalb von zehn Wochen nach der Übergabe des Verlangens aufgenommen wird.[115] Jeder Abgeordnete kann vor Eingang in das Abstimmungsverfahren verlangen, daß über bestimmte Teile eines Gegenstandes getrennt abgestimmt wird.[116] Eine namentliche Abstimmung ist durchzuführen, wenn wenigstens 20 Abgeordnete vor Eingang in das Abstimmungsverfahren schriftlich dies verlangen.[117] Die geheime Abstimmung hat auf Verlangen von fünf Abgeordneten in Wahlzellen zu erfolgen.[118] Die Abstimmung über einen Gesetzesvorschlag betreffend die Auflösung des Nationalrates (Art. 29 Abs. 2 B-VG) ist auf den zweitnächsten Werktag zu vertagen, wenn dies ein Fünftel der Abgeordneten verlangt.[119] Der Präsident des Nationalrates ist verpflichtet, eine Sitzung einzuberufen, wenn innerhalb einer Tagung wenigstens ein Fünftel der Abgeordneten unter Angabe

[110] § 98 Abs. 3 GeoG-NR.
[111] § 99 Abs. 2 GeoG-NR.
[112] § 91a GeoG-NR.
[113] § 32e Abs. 2 GeoG-NR.
[114] § 32d Abs. 2 GeoG-NR.
[115] § 26 Abs. 7 GeoG-NR.
[116] § 65 Abs. 4 GeoG-NR.
[117] § 66 Abs. 3 GeoG-NR.
[118] § 66 Abs. 5 GeoG-NR.
[119] § 67 Abs. 1 Z. 2 GeoG-NR.

eines Themas es verlangt.[120] Der Präsident verkündet in der Regel am Schlusse jeder Sitzung Tag, Stunde und nach Möglichkeit Tagesordnung der nächsten Sitzung. Über in solchem Fall erhobene Einwendungen findet auf Verlangen von fünf Abgeordneten, die demselben Klub angehören, für alle von diesem Klub erhobenen Einwendungen eine gesonderte Debatte statt.[121] Über Erklärungen von Mitgliedern der Bundesregierung sowie Mitteilungen über die Ernennung von Mitgliedern der Bundesregierungen und Staatssekretäre findet sogleich eine Debatte statt, wenn dies von fünf Abgeordneten verlangt wird.[122] Eine Wahl hat in Wahlzellen zu erfolgen, wenn dies fünf Abgeordnete verlangen.[123]

Der Nationalrat kann auf Antrag eines Abgeordneten dem Ausschuß eine Frist zur Berichterstattung setzen. Die einem Ausschuß gesetzte Frist kann auf Antrag vom Nationalrat vor ihrem Ablauf erstreckt werden. Fünf Abgeordnete können schriftlich vor Eingang in die Tagesordnung eine kurze Debatte über diese Anträge verlangen.[124] Wenn eine Minderheit von wenigstens drei stimmberechtigten Teilnehmern an den Ausschußverhandlungen ein gesondertes Gutachten abgeben will, hat sie das Recht, einen besonderen schriftlichen Bericht (Minderheitsbericht) zu erstatten.[125] Außerdem kann jeder stimmberechtigte Teilnehmer an den Ausschußverhandlungen in knapper Form eine vom Hauptbericht abweichende persönliche Stellungnahme zum Gegenstand abgeben.[126] Eine namentliche Abstimmung ist in Ausschußsitzungen auf Verlangen von einem Fünftel der vom Nationalrat festgesetzten Anzahl der Ausschußmitglieder vorzunehmen.[127] Der Obmann des Ausschusses ist verpflichtet, auf die Tagesordnung einer Sitzung den Punkt „Aussprache über aktuelle Fragen aus dem Arbeitsbereich des Ausschusses" zu stellen, wenn dies von einem Mitglied des Ausschusses verlangt wird und seit mehr als sechs Monaten nicht stattgefunden hat.[128]

Schließlich seien noch weitere *Minderheitsrechte* genannt, die die *Geschäftsordnung des Bundesrates* enthält. Hat ein Ausschuß die Vorberatung eines Selbständigen Antrages von Bundesräten nicht binnen sechs Monaten nach der Zuweisung begonnen, so kann vom Antragsteller binnen weiterer sechs Monate verlangt werden, daß die Vorberatung innerhalb von zehn Wochen nach der Übergabe des Verlangens aufgenommen wird.[129] Eine namentliche Abstimmung ist vorzunehmen, wenn dies von mindestens fünf Bundesräten vor Eingang in das Abstimmungsver-

120 § 46 Abs. 5 GeoG-NR.
121 § 50 Abs. 1 GeoG-NR.
122 § 81 Abs. 1 GeoG-NR.
123 § 88 Abs. 3 GeoG-NR.
124 § 43 Abs. 3 GeoG-NR.
125 § 42 Abs. 4 GeoG-NR.
126 § 42 Abs. 5 GeoG-NR.
127 § 41 Abs. 11 GeoG-NR.
128 § 34 Abs. 5 Z. 2 GeoG-NR.
129 § 21 Abs. 5 GO-BR.

fahren verlangt wird.[130] Ein Bundesrat kann die Durchführung einer Wahl mit Stimmzetteln verlangen, obwohl nur ein Wahlvorschlag vorliegt.[131] Über Wahlvorschläge ist eine Debatte durchzuführen, wenn dies von mindestens fünf Bundesräten schriftlich verlangt wird.[132] Eine namentliche Abstimmung hat in den Ausschußsitzungen stattzufinden, wenn dies mindestens von einem Viertel der vom Bundesrat festgesetzten Zahl der Ausschußmitglieder verlangt wird.[133] Wird ein Selbständiger Antrag von Bundesräten im Ausschuß mit Stimmenmehrheit abgelehnt, ist auf Verlangen von mindestens drei Ausschußmitgliedern ein analoger Bericht an den Bundesrat zu erstatten.[134] Schließlich hat eine Minderheit des Ausschusses von wenigstens drei Mitgliedern das Recht, dem Bericht des Ausschusses an den Bundesrat einen gesonderten schriftlichen Bericht anzuschließen.[135]

Für die Ausübung der politischen Kontrollrechte tragen die jeweiligen politischen Parteien, ob im Parlament in Mehrheit oder in Opposition, die politische Verantwortung.

Als parlamentarische Republik ist in Österreich die politische Entwicklung, die vor allem im Wählerverhalten ihren Ausdruck findet, sowohl für das Parlament wie über den Nationalrat für die Regierung von Bedeutung. *Das politische Vertrauensverhältnis* ist für alle staatsleitenden Organe bestimmend. Für den Nationalrat durch die Volkswahl[136] seiner Abgeordneten, die bei einer vierjährigen Legislaturperiode regelmäßig erforderlich ist, außer der Nationalrat beschließt seine Selbstauflösung, wozu er im Unterschied zum deutschen Bundestag nach Art. 29 Abs. 2 B-VG das Recht hat.

Die Mitglieder des Bundesrates werden hingegen von den Landtagen als parlamentarische Mandatare mit freiem Mandat für die Dauer der Landtagsperiode, die mit Ausnahme von sechs Jahren in Oberösterreich, sonst fünf Jahre beträgt, gewählt.[137] Das Wählerverhalten in den einzelnen Bundesländern drückt sich daher

[130] § 54 Abs. 3 GO-BR.

[131] § 56 Abs. 1 GO-BR; siehe dazu die Anmerkung in: KONRAD ATZWANGER, WERNER ZÖGERNITZ, Bundesrat-Geschäftsordnung 1988, S. 214.

[132] § 57 Abs. 2 GO-BR.

[133] § 32 Abs. 2 lit. i GO-BR.

[134] § 32 Abs. 6 GO-BR.

[135] § 32 Abs. 8 GO-BR.

[136] Art. 26 B-VG; Bundesgesetz über die Wahl des Nationalrates (Nationalrats-Wahlordnung 1992 – NRWO), BGBl. Nr. 471/1992 i. d. F. BGBl. Nr. 505/1994.

[137] Vgl. die entsprechenden landesverfassungsgesetzlichen Bestimmungen Burgenland: Art. 12 L-VG (LGBl. Nr. 42/1981 i. d. F. LGBl. Nr. 19/1992); Kärnten: Art. 13 L-VG (LGBl. Nr. 190/1974 i. d. F. LGBl. Nr. 48/1979); Niederösterreich: Art. 9 L-VG (LGBl. Nr. 0001-0 i. d. F. LGBl. Nr. 0001-5); Salzburg Art. 14 LVG (LGBl. Nr. 1/1947 i. d. F. LGBl. Nr. 49/1993); Steiermark: § 10 L-VG (LGBl. Nr. 1/1960 i. d. F. LGBl. Nr. 94/1993); Tirol: Art. 18 TirLO (LGBl. Nr. 61/1988 i. d. F. LGBl. Nr. 69/1993); Vorarlberg: Art. 16 LV (LGBl. Nr. 30/1984) und Wien: § 113 Abs. 2 i. V. m. § 13 StV (LGBl. Nr. 28/1968 i. d. F. LGBl. Nr. 22/1992) sehen eine 5jährige Geschäftsperiode vor; Oberösterreich: Art. 18 L-VG: 6 Jahre (LGBl. Nr. 122/1991 i. d. F. LGBl. Nr. 87/1993). Zur Geschichte der

geradezu seismographisch in der Zusammensetzung des Bundesrates[138] aus, wodurch während einer Legislaturperiode des Nationalrates und einer Funktionsperiode der Bundesregierung ein anderes politisches Stärkeverhältnis im Bundesrat auftreten kann, als es im Nationalrat und in der Bundesregierung gegeben ist. Da aber *der österreichische Bundesrat anders als die deutsche Länderkammer* ein verhinderndes Zustimmungsrecht ausschließlich bei Kompetenzänderungen zu Lasten der Länder hat[139], in allen anderen Fällen aber nur ein behinderndes Einspruchsrecht hat, von dem wieder das Budget, der Rechnungsabschluß, die Selbstauflösung und die Geschäftsordnung des Nationalrates, Bundesanleihen und die Verfügung über Bundesvermögen von der Zuständigkeit des Bundesrates überhaupt ausgenommen sind[140], wirkt sich dieses unterschiedliche politische Kräftefeld nicht zu stark aus.

VI. Das Zusammenwirken der staatsleitenden Organe

Während die *Volkswahl* des Nationalrates, wie übrigens auch *der* sonstigen *allgemeinen Vertretungskörper* auf Landes- und Gemeindeebene, nämlich des Landtags und des Gemeinderats[141], die eine Säule der österreichischen Demokratie ist, bildet die zweite die *Volkswahl des österreichischen Bundespräsidenten.*[142]

Die Funktion des Staatsoberhauptes hatte ursprünglich gleich nach Ausrufung der Republik 1918 und 1919 das Parlamentspräsidium ausgeübt[143]. Erst das B-VG

einzelnen Landtage siehe auch Herbert Schambeck (Hrsg.), Föderalismus und Parlamentarismus in Österreich, S. 167ff.

138 Zur Wahl der Bundesräte vgl. Art. 34 f. B-VG und die diesbezügliche Entschließung des Bundespräsidenten BGBl. Nr. 194/1993. Siehe auch VfSlg. 18/1921, 788/1927, 2514/1953, 9044/1981. Herbert Schambeck, Der Bundesrat der Republik Österreich, Jahrbuch des Öffentlichen Rechts, NF Band 26, Tübingen 1977, S. 215ff. und Robert Walter, Der Bundesrat, in: Ernst C. Hellbling u. a. (Hrsg.), Bundesstaat auf der Waage, Föderative Ordnung Band 1, Wien-Frankfurt-Zürich 1969, S. 199ff.

139 Art. 44 Abs. 2 B-VG i. d. F. BGBl. Nr. 490/1984.

140 Art. 41 Abs. 5 B-VG.

141 Art. 26 B-VG: Nationalrat; Art. 95 B-VG: Landtage; Art. 117 Abs. 1 lit. a B-VG: Gemeinderäte.

142 Art. 60 Abs. 1 B-VG, siehe auch Bundespräsidentenwahlgesetz 1971, BGBl. Nr. 57/1971 i. d. F. BGBl. Nr. 339/1993. Dazu Hans Spanner, Zur Stellung des Staatsoberhauptes in Deutschland und Österreich seit 1918, Die Öffentliche Verwaltung 1966, S. 619ff.; Klaus Berchtold, Der Bundespräsident, Forschungen aus Staat und Recht, Band 9, Wien-New York 1969, S. 72ff.; Manfried Welan, Das österreichische Staatsoberhaupt, Österreichisches Jahrbuch für Geschichte und Politik, Sonderband 2, Wien 1986, S. 73ff.; Herbert Schambeck, Der Bundespräsident und das Parlament, in: Einigkeit und Recht und Freiheit, Festschrift für Carl Carstens, hrsg. v. Bodo Börner u.a., Band 2, Köln-Berlin-Bonn-München 1984, S. 789ff.; Derselbe, Zum Amtsverständnis des österreichischen Bundespräsidenten, in: Verantwortung in unserer Zeit, Festschrift für Rudolf Kirchschläger, hrsg. v. Alois Mock, Herbert Schambeck, Wien 1990, S. 188ff.

143 §§ 4ff. des Beschlusses der Provisorischen Nationalversammlung für Deutschösterreich vom 30. Oktober 1918 über die grundlegenden Einrichtungen der Staatsgewalt, StGBl. Nr. 1, und Art. 3

1920 schuf das Individualorgan Bundespräsident[144], der in der ganzen Zwischenkriegszeit von der Bundesversammlung als gemeinsamem Organ von National- und Bundesrat gewählt wurde[145]. Nachdem die B-VG Novelle 1929[146] die Volkswahl eingeführt hatte, war es dann erst 1951 zur ersten Wahl eines österreichischen Staatsoberhauptes auf direkt-demokratischem Weg gekommen.[147] Auf diese Weise war *der Bestellungsmodus des Staatsoberhauptes in Deutschland und Österreich stets verschieden gewesen*; es erfolgte die Wahl des Reichspräsidenten in der Zwischenkriegszeit im Deutschland der Weimarer Republik durch das Volk[148], als in Österreich die Wahl des Bundespräsidenten durch die Bundesversammlung[149] geschah, während heute umgekehrt der deutsche Bundespräsident für eine Amtsperiode von fünf Jahren von der Bundesversammlung[150] gewählt wird, während der österreichische Bundespräsident[151] für die Dauer von sechs Jahren durch das Bundesvolk gewählt wird.[152]

Diese direkte demokratische Wahl des österreichischen Staatsoberhauptes war deshalb erforderlich geworden, weil er nach der B-VG Novelle 1929 vermehrte Rechte bekam, die einer entsprechenden demokratischen Legitimation bedurften. So steht dem österreichischen Bundespräsidenten[153] u.a. das Recht zu, die Bundes-

des Gesetzes vom 12. November 1918 über die Staats- und Regierungsform, StGBl. Nr. 5. Siehe auch Adolf Merkl, Die Verfassung der Republik Deutschösterreich, S. 113ff.

144 Vgl. dazu Georg Schmitz, Vorentwürfe Hans Kelsens für die österreichische Bundes-Verfassung, Wien 1981, S. 90ff.; Felix Ermacora, Die österreichische Bundesverfassung und Hans Kelsen, Analysen und Materialien, Zum 100. Geburtstag von Hans Kelsen, Österreichische Schriftenreihe für Rechts- und Politikwissenschaft, Band 4, Wien 1982, S. 153ff.; Derselbe, Materialien zur Österreichischen Bundesverfassung (I.), Die Länderkonferenzen 1919/1920 und die Verfassungsfrage, Österreichische Schriftenreihe für Rechts- und Politikwissenschaft, Band 9/I, Wien 1989, S. 184, 343; Derselbe, Die Entstehung der Bundes-Verfassung 1920, Dokumente der Staatskanzlei über allgemeine Fragen der Verfassungsreform, Österreichische Schriftenreihe für Rechts- und Politikwissenschaft, Band 9/II, Wien 1989, S. 155ff.; Derselbe, Die Entstehung der Bundesverfassung 1920, Sammlung der Entwürfe zur Staats- beziehungsweise Bundesverfassung, Österreichische Schriftenreihe für Rechts- und Politikwissenschaft, Band 9/IV, Wien 1990, S. 109ff.

145 Art. 60ff., BGBl. Nr. 1/1920; vgl. dazu auch Konrad Atzwanger, Die Bundesversammlung, in: Österreichs Parlamentarismus, Werden und System, S. 403.

146 Bundes-Verfassungsgesetznovelle 1929, BGBl. Nr. 392/1929. Herbert Schambeck, Zum Amtsverständnis des österreichischen Bundespräsidenten, S. 187ff.

147 BGBl. Nr. 117/1951.

148 Art. 41 Abs. 1 Weimarer Reichsverfassung, RGBl. Nr. 152/1919; Klaus Stern, Das Staatsrecht der Bundesrepublik Deutschland, Band 2, München 1980, S. 189ff.

149 Vgl. FN 145.

150 Art. 54 GG sowie die Erläuterungen in Jarass-Pieroth, Grundgesetz für die Bundesrepublik Deutschland, Kommentar, S. 534ff.

151 Zur Angelobung siehe Art. 60 Abs. 5 B-VG; Konrad Atzwanger, Die Bundesversammlung, in: Österreichs Parlamentarismus, Werden und System, S. 423ff. sowie das Stenographische Protokoll der 14. Bundesversammlung der Republik Österreich am 8. Juli 1992 aus Anlaß der Angelobung des neugewählten Bundespräsidenten Dr. Thomas Klestil, S. 4ff.

152 Herbert Schambeck, Der Bundespräsident und das Parlament, S. 789ff., insb. S. 800f.

153 Klaus Berchtold, Der Bundespräsident, S. 66ff.; Adamovich-Funk, Österreichisches Verfassungsrecht, S. 261ff.; Walter-Mayer, Grundriß des österreichischen Bundesverfassungsrechts, S. 228ff.

regierung zu ernennen und zu entlassen[154], den Nationalrat[155] und die Landtage aufzulösen[156], Notverordnungen zu erlassen[157], die öffentlichen Bediensteten des Bundes zu ernennen[158], den Oberbefehl über das Bundesheer auszuüben.[159]

Diese beispielsweise genannten *Zuständigkeiten des Bundespräsidenten* zeigen, daß er in seinen Aufgaben auf alle Funktionen der Ausübung der Staatsgewalt bezogen ist, damit auch sowohl auf das Parlament wie auf die Regierung. Diese Bezogenheit zeigt sich in Österreich besonders auch in der *Vertretung des Bundespräsidenten.*[160]

Während der deutsche Bundespräsident nach Art. 57 GG immer durch den Bundesratspräsidenten[161] vertreten wird, ist dies in Österreich anders der Fall. Die Vertretung des österreichischen Staatsoberhauptes erfolgt mehr demokratisch als föderalistisch. Nach Art. 64 Abs. 1 B-VG gehen für den Fall der Verhinderung des Bundespräsidenten alle seine Funktionen zunächst auf den Bundeskanzler über. Dauert die Verhinderung jedoch länger als 20 Tage, ist der Bundespräsident gemäß Art. 60 Abs. 6 B-VG an der ferneren Ausübung seines Amtes verhindert oder tot, so üben die drei Nationalratspräsidenten als Kollegium die Funktionen des Bundespräsidenten aus.

Beachtenswert ist *das Zusammenwirken der staatsleitenden Organe* auch *bei der Bildung der Bundesregierung* in Österreich.

Wenngleich der Bundespräsident die Bundesregierung ernennt und entläßt[162], ist er trotzdem vom Nationalrat insofern abhängig, als diesem nach Art. 74 B-VG das Recht zur Mißtrauensvotierung zusteht und in diesem Fall der Bundespräsident verpflichtet ist, die Bundesregierung oder einzelne ihrer Mitglieder zu entlassen. Diese Regelung gilt daher in Österreich heute noch so wie sie nach Art. 53 WRV für die Bestellung der Reichsregierung vorgesehen war, denn danach wurde der Reichskanzler und auf seinen Vorschlag die Reichsminister vom Reichspräsidenten ernannt und entlassen, sie bedurften zwar des Vertrauens des Reichstages,

154 Art. 72 Abs. 1; Art. 77 Abs. 3 B-VG.

155 Art. 29 Abs. 1 B-VG.

156 Art. 100 Abs. 1 B-VG.

157 Art. 18 Abs. 3 B-VG; Adolf Merkl, Das rechtliche Ergebnis des Verfassungskampfes, Juristische Blätter 1930, S. 48.

158 Ernennungen: Art. 65 Abs. 2 lit. a und Abs. 3; Art. 86 Abs. 1; Art. 134 Abs. 2; Art. 147 Abs. 2 B-VG.

159 Art. 80 Abs. 1 B-VG.

160 Art. 64 B-VG; vgl. dazu Robert Walter, Die Vertretung des Bundespräsidenten im Lichte eines Vorschlages Kelsens zur Novellierung des Bundes-Verfassungsgesetzes, in: Der Rechtsstaat in der Krise, Festschrift für Edwin Loebenstein, hrsg. v. Ludwig Adamovich, Alfred F. Kobzina, Wien 1991, S. 165ff.

161 Jarass-Pieroth, Grundgesetz für die Bundesrepublik Deutschland, Kommentar, S. 538ff. und Klaus Stern, Das Staatsrecht der Bundesrepublik Deutschland, Band 2, S. 208f.

162 Art. 70 Abs. 1 B-VG; Manfried Welan, Der Bundespräsident, Studien zu Politik und Verwaltung, Band 40, Wien-Köln-Graz 1992, S. 41ff.

das jedoch nicht positiv ausgesprochen zu werden brauchte. Dagegen kennen wir das konstruktive Mißtrauensvotum[163] nach Art. 67 GG in Österreich nicht.

Praktisch ist es so, daß nach einer Nationalratswahl die mandatsstärkste Partei den Bundeskanzler stellt. Der Bundespräsident beruft den Parteivorsitzenden dieser Partei zur Regierungsbildung; dieser erscheint durch das für ihn erfolgreiche Ergebnis der Volkswahl des Nationalrates hiefür legitimiert. Dieser als Sieger der Nationalratswahl hervorgegangene Parteivorsitzende schlägt als designierter Bundeskanzler dem Bundespräsidenten Persönlichkeiten zur Ernennung als Bundesminister und Staatssekretäre vor.

Da sich Österreich schon 1918 für die Einführung des Proportionalwahlsystems[164] anstelle des vorher in der Monarchie gegoltenen Mehrheitswahlsystems entschied[165], war durch dieses Wahlrechtssystem ein stärkerer Repräsentations- und ein nur geringer Integrationseffekt gegeben[166], in dessen Folge in Österreich sich nur 1945 und 1966 für die ÖVP, 1971, 1975 und 1979 für die SPÖ bei Nationalratswahlen absolute Mehrheiten ergaben, in anderen Fällen nur relative Mehrheiten, die keine Möglichkeiten ließen, Alleinregierungen[167] zu bilden, sondern vielmehr Koalitonsregierungen verlangten. Besonders in diesem Fall muß der Repräsentant der Mehrheitspartei Verhandlungen mit den Vertretern der anderen Parteien im Nationalrat aufnehmen; meist kommt es dann zur Bildung einer Koalitionsregierung mit der zweitstärksten Partei.

Bei den den Nationalratswahlen 1983 und 1986 nachfolgenden Regierungsbildungen ist insofern eine Änderung eingetreten, als jeweils nach Vorgesprächen mit dem Bundespräsidenten diesem von seiten der Mehrheitspartei, das ist derzeit die SPÖ, Kandidaten als Bundeskanzler vorgeschlagen wurden, die nicht vom Volk bei der Nationalratswahl als Spitzenkandidaten gewählt worden waren und zum Zeitpunkt ihrer Kanzlernominierung auch nicht Parteivorsitzender waren. Das war nach Verlust der absoluten Mehrheit und dem bloßen Erreichen der relativen Mehrheit durch die SPÖ bei der Nationalratswahl 1983 Dr. Fred Sinowatz durch den früheren Bundeskanzler und SPÖ-Vorsitzenden Dr. Bruno Kreisky sowie 1986 Dr. Franz Vranitzky durch Dr. Sinowatz, der zwar die Funktion des Chefs der Regierung abtrat, aber die des Vorsitzenden seiner Partei behielt. In der folgenden Zeit wurde immer wieder der Spitzenkandidat der mandatsstärksten

[163] Klaus Stern, Das Staatsrecht der Bundesrepublik Deutschland, Band 1, S. 989ff.

[164] Gesetz vom 18. Dezember 1918 über die Wahlordnung für die Konstituierende Nationalversammlung, StGBl. Nr. 115.

[165] Gesetz vom 2. April 1873, RGBl. Nr. 41 betreffend die Wahl der Mitglieder des Abgeordnetenhauses des Reichsrates. Vgl. dazu Herbert Schambeck, Wahlrechtsordnung und Regierungssystem in Österreich, S. 335ff.; Derselbe, Die Entwicklung des österreichischen Wahlrechts, Jahrbuch des Öffentlichen Rechts, Neue Folge Band 21, Tübingen 1972, S. 253ff.

[166] Herbert Schambeck, Wahlrechtsordnung und Regierungssystem, S. 355ff., insb. S. 364f.

[167] Siehe Österreichischer Amtskalender 1994/95, Wien 1994, S. 914, 916.

Partei nach der Nationalratswahl vom Bundespräsidenten mit der Regierungsbildung beauftragt.[168]

Das österreichische Verfassungsrecht enthält keine näheren Angaben über die Art der Regierungsbildung. Der Bundespräsident ist in der Auswahl der Person, die er mit der Regierungsbildung beauftragt, frei; diese Persönlichkeit muß nur so wie alle übrigen Mitglieder der Bundesregierung zum Nationalrat wählbar sein[169] und das Vertrauen der Mehrheit des Nationalrates besitzen.

Gleich dem Grundgesetz enthält auch das B-VG keine Angaben über die Zahl der Bundesministerien; diese ist enthalten im *Bundesministeriengesetz 1973.*[170] Derzeit umfaßt die österreichische Bundesregierung 15 Ressorts[171], hervorheben möchte ich neben den klassischen Ministerien die in letzter Zeit neugeschaffenen für Wissenschaft, Forschung und Kunst, für Gesundheit und Konsumentenschutz, für Unterricht und kulturelle Angelegenheiten, für Umwelt sowie für Jugend und Familie.

Dem *Bundeskanzler*[172] steht *in Österreich,* anders als in der Bundesrepublik Deutschland[173], in welcher der Regierungschef nach Art. 65 GG über die „Richtlinienkompetenz"[174] verfügt, keine rechtliche Vorrangstellung oder Überrangigkeit gegenüber den anderen Bundesministern zu. Er ist ein *primus inter pares.*

Die Stellung des Bundeskanzlers hat aber dadurch eine gewisse Modifikation erhalten, daß ihm das Bundesministeriengesetz 1973 eine Art *Koordinationskompetenz in Angelegenheiten der allgemeinen Regierungspolitik* eingeräumt hat[175], was auf keinen Fall ein Weisungsrecht in die jeweilige Ressortleitung miteinschließt, im Gegenteil, es ausschließt.

Der Bundeskanzler hat eine *mehrfache Verantwortung*[176], zunächst die als Chef seines Ressorts, des Bundeskanzleramts, dann die als Vorsitzender des Kollegial-

168 Eine historische Übersicht der einzelnen Bundesregierungen findet sich in: Österreichischer Amtskalender 1994/95, S. 908ff.

169 Art. 70 Abs. 1, 2 und Art. 74 B-VG.

170 Bundesministeriengesetz 1973, BGBl. Nr. 389/1973 i. d. F. BGBl. 56/1979; i. d. F. BGBl. 66/1979; i. d. F. BGBl. 555/1979; i. d. F. BGBl. Nr. 256/1981; i. d. F. 591/1982; i. d. F. BGBl. Nr. 617/1983; i. d. F. BGBl. Nr. 439/1984; i. d. F. BGBl. Nr. 24/1985; ab der Wiederverlautbarung BGBl. 76/1986, vgl. FN 7.

171 BGBl. Nr. 1105/1994.

172 Manfried Welan, Heinrich Neisser, Der Bundeskanzler im österreichischen Verfassungsgefüge, Wien 1971, S. 122ff.

173 Hans-Peter Schneider, Das parlamentarische System, in: Handbuch des Verfassungsrechts, S. 542f.

174 Vgl. Art. 65 GG; Karl Doehring, Staatsrecht der Bundesrepublik Deutschland, 2. Auflage, Frankfurt am Main 1980, S. 160 f. sowie Klaus Stern, Das Staatsrecht der Bundesrepublik Deutschland, Band 2, S. 301ff.

175 Ludwig Adamovich, Die Koordinationskompetenz des Bundeskanzlers in verfassungsrechtlicher Sicht, Juristische Blätter 1973, S. 234ff. sowie Teil 2A der Anlage des Bundesministeriengesetzes 1973, BGBl. Nr. 389/1973 und Herbert Schambeck, Die Demokratie, S. 188.

176 Klaus Berchtold, Die Regierung, in: Heinz Fischer (Hrsg.), Das politische System Österreichs, Wien 1982, S. 174ff. und Felix Ermacora, Die politische Kontrolle, in: Das österreichische Bundes-Verfassungsgesetz und seine Entwicklung, S. 528f.

organs Bundesregierung und mit dieser Funktion steht in enger Beziehung die Koordinationskompetenz, welche insofern im Rahmen der rechtlichen Verantwortung, die durch die Verfassung gegeben ist, auch eine politische Verantwortung für all das beinhaltet, was der Bundeskanzler in seiner Regierungserklärung versprochen hat.

Über seine *Stellung als Regierungs-, Ressort- und möglicher Parteichef* hinaus kommt dem Bundeskanzler insofern eine sehr große Bedeutung, die in das Amt des Bundespräsidenten und in das Parlament reicht[177], dadurch zu, daß beinahe alle Akte des Bundespräsidenten der Antragstellung der unter dem Vorsitz des Bundeskanzlers stehenden Bundesregierung bedürfen. Außerdem gehen nahezu 75% aller Gesetze auf Regierungsvorlagen zurück[178], die in der Bundesregierung unter Vorsitz des Bundeskanzlers beschlossen werden müssen. Auf diese Weise ist der *Bundeskanzler ein besonders starker Faktor im österreichischen Regierungssystem, obgleich er aber gar keine direkt-demokratische Legitimation besitzt,* sondern diese *zum Unterschied von der des Bundespräsidenten,* was vielfach übersehen wird, *eine resultierende,* nämlich eine *indirekt-demokratische Legitimation* ist; der Bundeskanzler erhält nämlich seine Legitimation einerseits vom volksgewählten Bundespräsidenten, der für seine Ernennung zuständig ist, und andererseits vom volksgewählten Nationalrat, der ihm und seiner Regierung das Vertrauen zu gewähren hat.

Wie Bundespräsidentenwahlen zeigten, kann die österreichische Demokratie bei der Wahl des Bundespräsidenten eine andere Mehrheit zum Tragen bringen, als dies bei der Wahl des Nationalrates der Fall ist; es ergibt sich dann zwischen diesen beiden Säulen der Demokratie ein besonderes Spannungsfeld, in dem sich die Regierung befindet.[179]

Betrachtet man innerhalb der Regierung nun die konkrete *Ressorteinteilung,* so ist sie *ein Ausdruck von Sacherfordernissen, bisweilen auch von Personalnotwendigkeiten* innerhalb einer alleinregierenden Partei oder innerhalb der Koalitionsparteien. Dieser *inner- oder zwischenparteiliche Interessensausgleich* kann aber auch durch die Bestellung von Staatssekretären[180] ausgeglichen werden.

Im Unterschied zu der Bundesrepublik Deutschland kennt *Österreich keine Differenzierung in parlamentarische und beamtete Staatssekretäre*[181], sondern nur einen

[177] Friedrich Koja, Wer vertritt die Republik nach außen?, Juristische Blätter 1993, S. 622ff.

[178] Vgl. dazu Jahrbuch des östereichischen Parlaments 1994, Daten, Fakten, Analysen, hrsg. v. der Österreichischen Parlamentarischen Gesellschaft, Wien 1994, S. 311.

[179] Beachte z.B.: Bundespräsidentenwahl 1986: Kurt Waldheim 53,9%, Kurt Steyrer 41,6%, Nationalratswahl 1986: SPÖ 80 Mandate, ÖVP 77 Mandate, FPÖ 18 Mandate, Grüne 8 Mandate; Bundespräsidentenwahl 1992: Thomas Klestil 56,85%, Rudolf Streicher 43,15%; Nationalratswahl 1990: SPÖ 80 Mandate, ÖVP 60 Mandate, FPÖ 33 Mandate, Grüne 10 Mandate.

[180] Art.78 Abs.2 B-VG; Adamovich – Funk, Österreichisches Verfassungsrecht, S. 269f. und Walter – Mayer, Grundriß des österreichischen Bundesverfassungsrechts, S. 251.

[181] Roman Herzog, in: Theodor Maunz, Günter Dürig (Hrsg.), Grundgesetz, Kommentar, München 1993, S. 41ff. zu Art. 62.

Typ Staatssekretär, der zwar nicht Mitglied der Bundesregierung ist, aber nach Art. 19 Abs. 1 B-VG neben dem Bundespräsidenten, den Bundesministern und den Mitgliedern der Landesregierungen zu den obersten Organen der Vollziehung gezählt wird. Gleich den Bundesregierungsmitgliedern werden sie vom Bundespräsidenten auf Vorschlag des Bundeskanzlers ernannt und entlassen; zwar ist ein Mißtrauensvotum gegen sie durch den Nationalrat möglich, aber keine Geltendmachung der staatsrechtlichen Ministerverantwortlichkeit beim Verfassungsgerichtshof nach Art. 142 B-VG. Sie dienen den Bundesministern zur Unterstützung in der Geschäftsführung des Ressorts, in der sie ihn seit der B-VG Novelle 1986[182] auch vertreten können; parlamentarisch war dies schon immer möglich. Derartige Staatssekretäre kennt man in Österreich nur auf Bundesebene, aber nicht in den Landesregierungen, deren Chef der Landeshauptmann[183] – vergleichbar den Ministerpräsidenten deutscher Länder – ist und die Regierungsmitglieder die Landesräte – vergleichbar den Staatsministern – sind.

Während die Bundesregierung etwa beim Beschluß von Regierungsvorlagen als Kollegialorgan[184] tätig wird, sind die einzelnen Ressorts getrennt monokratisch organisiert[185]; anders in den Landesregierungen, die, ausgenommen jene Angelegenheiten, die bundesverfassungsgesetzlich der Landesregierung als Kollegialorgan zugewiesen sind[186], sowohl kollegial wie monokratisch[187] geführt werden können.

Ein enger Zusammenhang besteht in Österreich zwischen Bundes- und Landesverwaltung, und zwar dadurch, daß viele Angelegenheiten der Bundesverwaltung dem Landeshauptmann und den ihm unterstehenden Landesbehörden zur Vollziehung übertragen werden. Man spricht in diesem Fall von mittelbarer Bundesverwaltung, deren Träger im betreffenden Bundesland *der Landeshauptmann*[188] ist, welcher auch zur Erfüllung von Aufgaben der mittelbaren Bundesverwaltung weitere Mitglieder der Landesregierung heranziehen kann[189]. Im Rahmen dieser mittelbaren Bundesverwaltung ist der Landeshauptmann wie ein nachgeordnetes Verwaltungsorgan dem zuständigen Bundesminister gegenüber weisungsgebun-

182 BGBl. Nr. 212/1986; BGBl. Nr. 1013/1994.

183 Wolfgang Pesendorfer, Der Landeshauptmann, Historische Entwicklung, Wesen und verfassungsrechtliche Gestalt einer Institution, Wien–New York 1986.

184 Zu den Regierungsakten vgl. Adamovich–Funk, Österreichisches Verfassungsrecht, S. 259 und Walter–Mayer, Grundriß des österreichischen Bundesverfassungsrechts, S. 238f.

185 Adamovich–Funk, Österreichisches Verfassungsrecht, S. 266ff., Walter Antoniolli–Friedrich Koja, Allgemeines Verwaltungsrecht, Wien 1986, S. 338ff.

186 VfSlg. 7653; Antoniolli–Koja, Allgemeines Verwaltungsrecht, S. 399ff.; Heinz Mayer, Das österreichische Bundes-Verfassungsrecht, Kurzkommentar, Wien 1994, S. 245.

187 Adamovich–Funk, Österreichisches Verfassungsrecht, S. 282 und Walter–Mayer, Grundriß des österreichischen Bundesverfassungsrechts, S. 294.

188 Art. 102 Abs. 1 B-VG.

189 Art. 103 Abs. 2 B-VG.

den und gehorsamspflichtig. Auf diese Weise trifft den Landeshauptmann nach Art. 142 B-VG eine doppelte Verantwortung: eine im Rahmen der Landesverwaltung gegenüber dem Landtag und eine gegenüber dem zuständigen Bundesminister und der Bundesregierung im Rahmen der mittelbaren Bundesverwaltung.[190]

Die Angelegenheiten, die nach Art. 102 Abs. 2 B-VG von Bundesbehörden selbst, also *in unmittelbarer Bundesverwaltung* vollzogen werden können, aber nicht müssen, sind taxativ aufgezählt, z. B. das Finanz-, Justiz-, Zoll-, Paß-, Melde-, Postwesen sowie militärische Angelegenheiten. Alle nicht aufgezählten Angelegenheiten werden in mittelbarer Bundesverwaltung geführt.

Durch diese Regelung wird *eine Doppelgeleisigkeit der Verwaltung in den Ländern weitgehend vermieden;* die Länder wirken einerseits an der Vollziehung des Bundes mit, andererseits können die einzelnen Bundesminister über die ihnen in dieser mittelbaren Bundesverwaltung unterstehenden Landeshauptleute direkt auf die Vollziehung von Bundesangelegenheiten in den Ländern Einfluß nehmen, ohne daß dies eigener Bundesbehörden bedarf. Die Landesverwaltung steht in diesem Fall auch im Dienst des Bundesgesetzgebung.

Die Bundesgesetzgebung wird *in Österreich,* so wie in vielen anderen Ländern, sowohl durch Gesetzesinitiativen der Abgeordneten als auch durch Initiativen der einzelnen Bundesministerien, die im Ministerrat als Regierungsvorlagen beschlossen werden, bestimmt.[191]

So gingen z. B. 1979–1983 in der XV. Gesetzgebungsperiode des Nationalrates 75% der Gesetze auf Regierungsvorlagen, der Rest der Gesetze auf Initiativanträge der Abgeordneten zurück. *Leider steht dem österreichischen Parlament nicht im entferntesten jener parlamentarische Hilfsdienst zur Verfügung, wie dies in Bonn der Fall ist,* was das Überwiegen der Regierungsvorlagen ein wenig erklärt. Aber auch diese Regierungsvorlagen werden eingehend behandelt. So sind in der zitierten Gesetzgebungsperiode des Nationalrates 46% der Regierungsvorlagen unverändert vom Nationalrat beschlossen worden, während nach Bearbeitung im Nationalrat 54% eine Veränderung erfuhren.

Bevor eine Regierungsvorlage nach einem einstimmigen Ministerratsbeschluß im Nationalrat eingebracht wird, wurde diese Materie als Ministerialvorlage schon vorher den Bundesländern und den Interessenvertretungen von dem zuständigen Bundesministerium zur Stellungnahme übergeben. Die Bundesländer und die Interessenvertretungen können sich auf diese Weise mit einer gesetzlich zu regelnden Materie also schon vor den Organen der Bundesgesetzgebung beschäftigen, der Bundesgesetzgeber spricht aber dafür das letzte und damit entscheidende Wort und kann hiezu die Stellungnahmen der Bundesländer und Interessen-

[190] Vgl. VfSlg. 8; 206; 10.510.
[191] Art. 41 B-VG.

vertretungen[192] beachten oder nicht; es steht ihm dies ebenso frei, wie dem Bundesministerium, welches die Ministerialvorlage schon vorher versendet und die Stellungnahmen bekommen hat,[193] die unverbindlich sind.

Mit diesen Hinweisen soll angedeutet werden, daß *die parlamentarische Staatswillensbildung Teil des umfassenden staatsleitenden Vorganges* ist, der die führenden Kräfte des Staates erfaßt. Dies ist bei Regierungsvorlagen besonders deutlich, während Abgeordneteninitiativanträge im Nationalrat[194] selbst weder stellungnahmefähig noch begutachtungspflichtig durch Länder und Verbände sind.

Hervorgehoben muß allerdings werden, daß sich *seit 1945 in Österreich eine besondere Form der Zusammenarbeit der großen Sozial- und Wirtschaftsverbände in der sogenannten Sozialpartnerschaft*[195] entwickelt hat: nämlich zwischen der Wirtschaftskammer Österreich, dem Gewerkschaftsbund, der Bundesarbeitskammer und der Präsidentenkonferenz der Landwirtschaftskammern Österreichs.[196] Sie entsenden nicht nur Vertreter in wichtige Fonds und Beiräte des Wirtschafts- und Soziallebens[197], sondern sind seit Jahrzehnten beratend für Bundesregierung und Parlament in allen wichtigen Fragen der Wirtschafts- und Sozialgesetzgebung, z. B. Marktordnung und Arbeitsverfassung, tätig. Auf diese Weise werden die Kräfte des Wirtschafts- und Soziallebens in die parlamentarische Staatswillensbildung integriert und Zeit wie Kosten für Auseinandersetzungen, z. B. Streiks, erspart.

192 Herbert Reiger, Die Bundesgesetzgebung und die Interessenvertretungen, in: Österreichs Parlamentarismus, Werden und System, S. 583ff.

193 Siehe dazu etwa Walter – Mayer, Grundriß des österreichischen Bundesverfassungsrechts, S. 164f.

194 § 26 GeoG-NR.

195 Herbert Schambeck, Interessenvertretung und Sozialpartnerschaft, Wirtschaftspolitische Blätter, 1970, 17. Jg., S. 25ff.; Karl Korinek, Ideen und Entwicklung der Sozialpartnerschaft, in: Georg Ress (Hrsg.), Rechtsfragen der Sozialpartnerschaft, Köln 1987, S. 9ff.; Derselbe, Die Realisierung der Sozialpartnerschaft in der österreichischen Rechtsordnung, in: Rechtsfragen der Sozialpartnerschaft, S. 79ff. sowie Alfred Klose, Ein Weg zur Sozialpartnerschaft, Wien 1970.

196 Nach dem Arbeiterkammergesetz BGBl. Nr. 626/1991 i. d. F. BGBl. Nr. 661/1994 gibt es für das gesamte Bundesgebiet die „Bundesarbeitskammer"; gemäß dem Handelskammergesetz BGBl. Nr. 182/1946 i. d. F. BGBl. Nr. 680/1994 wird die Vertretung auf Bundesebene als „Wirtschaftskammer Österreich" bezeichnet; zur Vertretung der gesamtösterreichischen Interessen der Landwirtschaft hat sich auf Bundesebene die „Präsidentenkonferenz der Landwirtschaftskammern Österreichs" als Verein nach dem Vereinsgesetz gebildet; siehe dazu etwa Walter – Mayer, Grundriß des österreichischen Bundesverfassungsrechts, S. 329ff.

197 Siehe dazu Herbert Schambeck, Die Demokratie, S. 231; Karl Korinek, Beiräte in der Verwaltung, in: Felix Ermacora u. a. (Hrsg.), Allgemeines Verwaltungsrecht, Wien 1979, S. 463ff. sowie Derselbe, Die Realisierung der Sozialpartnerschaft in der österreichischen Rechtsordnung, in: Rechtsfragen der Sozialpartnerschaft, S. 86ff.

VII. Zuständigkeit und Verantwortung – Verantwortung und Kontrolle

Das österreichische Regierungssystem ist *deutlich von* einer *besonderen Breite des Mitdenkens im öffentlichen Leben gekennzeichnet*, was aber nicht auf Kosten klarer verfassungsrechtlicher Verantwortung in bezug auf die obersten Vollzugsorgane hinsichtlich der Ministerverantwortung gehen darf.[198]

Jeder Verfassungsstaat ist durch *zwei Begriffspaare* gekennzeichnet: nämlich durch Zuständigkeit und Verantwortung sowie durch Verantwortung und Kontrolle.

Die Zuständigkeit der einzelnen Regierungsmitglieder ist in Österreich durch das Verfassungsrecht, das Bundesministeriengesetz[199] und die Vollzugsklausel des jeweiligen Gesetzes geregelt.[200]

Die Verantwortung ist eine auf Verfassung und Gesetz bezogene rechtliche Verantwortung[201], bezüglich Gesetzmäßigkeit, Sparsamkeit, Wirtschaftlichkeit und Zweckmäßigkeit im Hinblick auf die finanzielle Verantwortung[202] sowie im Hinblick auf die politische Vorstellung der Fraktionen im Parlament eine politische Verantwortung gegenüber dem Parlament.[203]

Zur *Kontrolle* der rechtlichen Verantwortung ist in Österreich der Verfassungsgerichtshof als Staatsgerichtshof[204], zur finanziellen Verantwortung der Rechnungshof[205] und zur politischen Verantwortung der Nationalrat und der Bundesrat zuständig. Da die meisten parlamentarischen Kontrollrechte Rechte der parlamentarischen Mehrheit waren, welche mit der Regierung politisch ident ist, ist die parlamentarische Kontrolle noch sehr entwicklungsbedürftig gewesen.[206] Auf diese Weise stellt sich auch die Frage nach der Gewaltenteilung.

[198] Das war der Fall beim Wirtschaftsdirektorium. Der Verfassungsgerichtshof stellte in seinem Erkenntnis VfSlg. 2323/1952 fest, daß die Bindung an die Beschlüsse des Wirtschaftsdirektoriums mit dem mit der Ministerverantwortlichkeit verbundenen freien Entscheidungsrecht unvereinbar und damit verfassungswidrig sei.

[199] Art. 77 B-VG; Bundesministeriengesetz BGBl. Nr. 389/1973 i. d. F. BGBl. Nr. 16/1995.

[200] Allgemein dazu Walter-Mayer, Grundriß des österreichischen Bundesverfassungsrechts, S. 246 ff. sowie Walter Barfuss, Ressortzuständigkeit und Vollzugsklausel. Eine verfassungs- und verwaltungsrechtliche Untersuchung zur Zuständigkeit der Bundesminister, Forschungen aus Staat und Recht 7, Wien-New York 1968.

[201] Herbert Schambeck, Die Ministerverantwortlichkeit, S. 24 f.

[202] Siehe Art. 126b Abs. 5 B-VG.

[203] Dazu Herbert Schambeck, Die parlamentarische Kontrolle der Regierung im Dienste des demokratischen Rechtsstaates, S. 293 ff.

[204] Art. 142 B-VG; Adamovich-Funk, Österreichisches Verfassungsrecht, S. 348 f. und Walter-Mayer, Grundriß des österreichischen Bundesverfassungsrechts, S. 417 ff.

[205] Art. 121 bis 128 B-VG; Johannes Hengstschläger, Der Rechnungshof.

[206] Siehe schon Herbert Schambeck, Regierung und Parlament, Betrachtungen zu den parlamentarischen Kontrollrechten, in: Entwicklungstendenzen in der modernen Demokratie, Gesellschaft und Politik, Schriftenreihe des Instituts Sozialpolitik und Sozialreform, Neue Fassung, Heft 4/1973, S. 39 ff. insb. S. 52 ff. sowie Heinrich Neisser, Die Kontrollfunktion des Parlaments, in: Österreichs Parlamentarismus, Werden und System, S. 652 ff.

Die Gewaltenteilung, die ihrer Idee nach auf Polybios[207], Aristoteles[208], Locke[209] und Montesquieu[210] zurückgeht, bedarf heute über ihre *formell organisatorische Form der Organtrennung*[211], nämlich in Parlament, Verwaltung einschließlich Regierung sowie Gerichtsbarkeit, hinaus auch einer Beachtung der politischen Zusammenhänge, und zwar daß die Nationalratsmehrheit die Regierung bildet und deshalb die parlamentarische Kontrolle als Mehrheitsrecht diese stumpf sein läßt und daß bei Offizialdelikten die Unabhängigkeit der Gerichte erst zum Tragen kommt, wenn der dem Justizminister der Regierung weisungsgebundene und gehorsamspflichtige Staatsanwalt die Anklage erhoben hat und hernach der Richter die Gelegenheit erhält, Urteil zu sprechen.

In bezug auf die politische Kontrolle verlangte die Gewalteneinheit von Nationalratsmehrheit und Regierung nach parlamentarischen Minderheitskontrollrechten[212], wozu es 1975[213] durch die Einführung des Rechtes der Gesetzesanfechtung beim Verfassungsgerichtshof und des Kontrollantrages beim Rechnungshof für ein Drittel der Nationalratsabgeordneten gekommen ist. Weiters zu nennen als wichtiges Minderheitskontrollrecht ist das Interpellationsrecht.[214] Eine besondere Verantwortlichkeit wurde auch durch die Neuregelung des Haushaltsrechtes[215] für den *Finanzminister* dadurch getroffen, daß er bei der Haushaltsführung die Sicherstellung des gesamtwirtschaftlichen Gleichgewichts neben den bereits genannten Maßstäben finanzieller Verantwortung anzustreben hat.[216]

Der Finanzminister hat auch insofern eine Vorrangstellung gegenüber allen übrigen Ressortinhabern erhalten, als er die Ermächtigung zu konjunktur- und wirtschaftspolitischen Maßnahmen erhält, Ausgaben über die budgetgesetzliche Bewilligung hinaus seiner Zustimmung bedürfen und er überhaupt zu prüfen hat, ob die Ermessensausgaben der einzelnen Ressorts den obgenannten Maßstäben entsprechen.[217] Der Finanzminister ist damit das übergeordnete Organ, das dar-

207 Polybios, Historiae VI, 11–15.

208 Aristoteles, Politik IV, 1298 a.

209 John Locke, Two Treatises on Civil Government, 1690.

210 Montesquieu, De L'esprit des lois, 1748, IX/2 und 3.

211 Siehe Walter Antoniolli, Allgemeines Verwaltungsrecht, Wien 1954, S. 4 f.; Herbert Schambeck, Der Staat und die Demokratie, in: Geschichte und Gesellschaft, Festschrift für Karl R. Stadler, hrsg. v. Gerhard Botz, Hans Hautmann, Helmut Konrad, Wien 1974, S. 419 ff. sowie Antoniolli-Koja, Allgemeines Verwaltungsrecht, S. 5 f.

212 Herbert Schambeck, Regierung und Parlament, Gedanken zur parlamentarischen Kontrolle am Beispiel Österreichs, Magyar Közigazgatás, Budapest 1994, S. 649 ff.; siehe dazu auch die FN 90 bis 92.

213 BGBl. Nr. 302/1975.

214 Art. 52 B-VG; §§ 90 ff. GeoG-NR, §§ 59 ff. GO-BR.

215 Johannes Hengstschläger, Das Budgetrecht und seine Entwicklung, in: Parlamentarismus und öffentliches Recht in Österreich, 1. Teilband, S. 263 ff. sowie Herbert Schambeck, Rede, in: Stenographisches Protokoll der 475. Sitzung des Bundesrates am 10. April 1986, S. 19858 ff.

216 Art. 13 Abs. 2 B-VG; näher präzisiert durch § 2 Abs. 2 Bundeshaushaltsgesetz.

217 Art. 51a und 51b B-VG; siehe dazu Walter-Mayer, Grundriß des österreichischen Bundesver-

über befindet, ob die Ausgaben seiner Ressortkollegen sparsam, wirtschaftlich, zweckmäßig und im gesamtwirtschaftlichen Gleichgewicht ausgegeben wurden.

Besonders sei auch auf zwei weitere besondere Formen der Ministerverantwortlichkeit, nämlich beim Justiz- und Verteidigungsminister, verwiesen. Den *Justizminister*[218] im demokratischen Rechtsstaat trifft die Verantwortung für die Wahrung der Unabhängigkeit der in sein Ressort fallenden Gerichtsbarkeit; dies gilt nicht nur gegenüber den (weisungsfreien) Richtern, sondern auch im Hinblick auf die Wahrung der Gesetzmäßigkeit gegenüber den Anklagebehörden und Justizverwaltungsorganen.

Eine besondere Art der Ministerverantwortung besitzt auch der *Bundesminister für Landesverteidigung*[219], und zwar insofern, als nach Art. 80 Abs. 1 B-VG der Oberbefehl über das Bundesheer dem Bundespräsidenten zusteht, welcher die Befehlsgewalt überlagert, die der Landesverteidigungsminister ausübt, wobei er in Fragen grundsätzlicher militärischer Bedeutung den Landesverteidigungsrat als Beratungsorgan zu hören hat, in dem der Bundeskanzler den Vorsitz führt.

1. *Die Ministerverantwortlichkeit*

Die Ministerverantwortlichkeit[220] ist als Verantwortung von Höchstorganen ein Zeichen der Kontinuität der Staatlichkeit, das sich über den Wechsel der Staatsformen und der politischen Systeme gehalten hat. Die Ministerverantwortlichkeit war immer neben der Verantwortung des obersten Vollzugsorganes für eigenes Handeln auch immer Verantwortung für fremdes Verschulden, so in der Monarchie für Handlungen des Monarchen und auch heute noch für das Handeln von ressortzugehörigen öffentlichen Bediensteten, also auch eine Art culpa in eligendo. In diesem Fall fehlt allerdings die personell existentielle Bedingtheit dieser Verantwortung, weil damit ein Höchstorgan auch für etwas zu haften hat, was es selbst nicht verursacht und bisweilen auch nicht gekannt hat.

Staatsrechtlich beginnt allgemein die Ministerverantwortlichkeit mit der Eidesleistung[221] und konkret mit der Gegenzeichnung des Gesetzes. Die erste Verfas-

fassungsrechts, S. 196 sowie Walter Schwab, Die Haushaltsrechtsreform des Bundes, Das öffentliche Haushaltswesen in Österreich, 1986, S. 1ff., insbes. S. 8f.

218 Herbert Schambeck, Die Demokratie, S. 207 sowie bereits Derselbe, Die Ministerverantwortlichkeit, S. 27 FN 77.

219 Siehe näher Gerhard Rauter, Wehrgesetzgebung und Heer 1868-1993, in: Parlamentarismus und öffentliches Recht in Österreich, 2. Teilband, S. 637ff.

220 Siehe Herbert Schambeck, Die Ministerverantwortlichkeit; Karl Korinek, Ministerverantwortlichkeit; Adamovich-Funk, Österreichisches Verfassungsrecht, S. 22; Walter-Mayer, Grundriß des österreichischen Bundesverfassungsrechts, S. 241f. sowie Felix Ermacora, Allgemeine Staatslehre, Berlin 1970, S. 823ff.

221 Helmut Widder, Form und Funktion politischer Treuegelöbnisse, in: Dimensionen des Rechts,

sung, welche eine obligatorische Gegenzeichnung der Gesetze vorsah, war (in Art. 45) die französische Verfassung vom 3. September 1791. Die erste deutsche Verfassung, die den Grundsatz der Ministerverantwortlichkeit verankerte, war (in Art. 20) die Verfassung des Königreiches Westfalen vom 15. November 1807. Erst mit der Demokratisierung der konstitutionellen Monarchie wandelte sich *die Ministerverantwortlichkeit von einer Verantwortlichkeit gegenüber dem Monarchen zu einer Verantwortlichkeit gegenüber dem Parlament.*[222] In der Weite ihres Bereiches, die heute personell das ganze Ressort umfaßt und an der Dimension, die in gleicher Weise eine politische, rechtliche und finanzielle Verantwortlichkeit ist, kommt dieser Verantwortlichkeit, die in Österreich mit dem Bundespräsidenten die Mitglieder der Bundesregierung und der Landesregierungen sowie staatsrechtlich auch den Präsidenten des Rechnungshofes und den amtsführenden Präsidenten des Landesschulrates trifft, keine andere gleich.

Zur politischen Wirklichkeit dieser Ministerverantwortlichkeit[223] muß festgestellt werden, daß ihre politische Seite durch die Kontrollmittel der Interpellation[224] und auch der dringlichen Anfrage[225], der Resolution[226] und der Untersuchungsausschüsse[227] geltend gemacht werden kann; ihre Sanktion ist das Mißtrauensvotum. Was die finanzielle Seite durch den Rechnungshof[228] betrifft, sind dessen Berichte praktisch mit keinen Folgen verbunden, die er selbst veranlassen könnte.[229] Allerdings ist der Rechnungshof verpflichtet, gem. § 84 Abs. 1 StGB Strafanzeige zu erstatten, wenn ihm der Verdacht einer von Amts wegen zu verfolgenden strafbaren Handlung bekannt wird, die seinen gesetzmäßigen Wirkungsbereich betrifft. Ansonsten wäre der Nationalrat dazu veranlaßt, was wiederum eines Mehrheitsbeschlusses bedürfte, mit dem in der politischen Kontrolle das Mißtrauen votiert und in der rechtlichen Kontrolle die Anklage beim Ver-

Gedächtnisschrift für René Marcic, 2. Band, hrsg. v. Michael Fischer u. a., Berlin 1974, S. 701ff. sowie HERBERT SCHAMBECK, Verantwortlichkeit nach österreichischem Bundesverfassungsrecht, in: Humanes und Urbanes, Festschrift für den Bürgermeister der Stadt Baden LAbg. Hofrat Prof. Viktor Wallner, St. Pölten 1982, S. 117ff.

222 Zur historischen Entwicklung siehe HERBERT SCHAMBECK, Die Ministerverantwortlichkeit, S. 17ff. sowie KARL KORINEK, Ministerverantwortlichkeit, S. 7f.

223 Art. 142 und 143 B-VG.

224 Art. 52 B-VG; §§ 90ff. GeoG-NR, §§ 59ff. GO-BR.

225 § 93 GeoG-NR, § 61 GO-BR.

226 Art. 52 Abs. 1 B-VG.

227 Art. 53 B-VG; siehe etwa HELMUT WIDDER, Parlamentarische Untersuchungsausschüsse im Rechtsstaat, Schriftenreihe Niederösterreichische Juristische Gesellschaft, Heft 35, Wien 1983; DERSELBE, Parlamentarische Untersuchungsausschüsse aus der Sicht des Bundes, 1995 (in Druck); KONRAD ATZWANGER, Zum Verfahren parlamentarischer Untersuchungsausschüsse, Österreichische Juristen-Zeitung 1977, S. 337ff. sowie RENÉ LAURER, Der parlamentarische Untersuchungsausschuß, Wien 1984.

228 Art. 121 bis 128 B-VG.

229 JOHANNES HENGSTSCHLÄGER, Der Rechnungshof, S. 298.

fassungsgerichtshof[230] erhoben wird. Das ist zwar von der in Opposition befindlichen Minderheit schon versucht worden, aber nie gelungen.

2. *Die Kontrolle des Parlaments und die Außenpolitik*

Besondere politische Kontrollmöglichkeiten besitzt der Nationalrat und der Bundesrat *in der Außenpolitik.*[231] Nationalrat und Bundesrat haben bei der Behandlung des jährlichen außenpolitischen Berichtes Gelegenheit, regelmäßig die Außenpolitik der Bundesregierung im allgemeinen und des Bundesministers für auswärtige Angelegenheiten im besonderen mitzuverfolgen und zu kontrollieren. Ein besonderes Maß an Kontrolle in der Außenpolitik kommt im Rahmen der Kontrolle der Bundesregierung dem Abschluß von Staatsverträgen zu. Primär liegt die Kompetenz *zum Abschluß von Staatsverträgen* gem. Art. 65 Abs. 1 B-VG beim Bundespräsidenten. Das Kontrollrecht des Parlaments in der Außenpolitik liegt darin, daß politische, gesetzesändernde und gesetzesergänzende Staatsverträge[232] vor dem Abschluß der Genehmigung des Nationalrates bedürfen.[233] Ein erweitertes Mitwirkungsrecht in Form der Zustimmung wird dem Bundesrat gem. Art. 50 Abs. 1 B-VG außerdem für den Fall eingeräumt, daß solche Staatsverträge Angelegenheiten des selbständigen Wirkungsbereiches der Länder regeln.[234] Darüber hinaus wird durch Art. 10 Abs. 3 B-VG den Ländern ein Mitwirkungsrecht in Form einer Stellungnahme vor dem Abschluß gegeben, nämlich für Staatsverträge, die Durchführungsmaßnahmen im Sinne des Art. 16 B-VG erforderlich machen oder die den selbständigen Wirkungsbereich der Länder in anderer Weise berühren.

Für den Abschluß bestimmter Kategorien von Staatsverträgen, die weder unter Art. 50 B-VG noch Art. 16 Abs. 1 B-VG fallen, kann der Bundespräsident gem. Art. 66 Abs. 2 B-VG die Bundesregierung oder die zuständigen Mitglieder der Bundesregierung ermächtigen. Auf dieser Grundlage erging am 30. Dezember 1920 die entsprechende Entschließung[235] des Bundespräsidenten, wonach dieser zum Abschluß von Staatsverträgen ermächtigt, die nicht gemäß Art. 50 des Bundes-Verfassungsgesetzes der Genehmigung des Nationalrates bedürfen, insofern

[230] Helmut Widder, Der Nationalrat, in: Österreichs Parlamentarismus, Werden und System, S. 330f.; Konrad Atzwanger, Die Ministeranklage gemäß Art. 142 und 143 B-VG, Österreichische Juristen-Zeitung 1983, S. 37ff. sowie Herbert Schambeck, Die Ministerverantwortlichkeit, S. 50f.

[231] Siehe dazu Heribert Franz Köck, Die Rolle des Parlaments in der Außenpolitik, in: Parlamentarismus und öffentliches Recht in Österreich, 1. Teilband, S. 297ff.

[232] Vgl. Manfred Rotter, Die Staatsverträge, in: Das österreichische Bundes-Verfassungsgesetz und seine Entwicklung, S. 784ff.

[233] Art. 50 Abs. 1 B-VG.

[234] Eingeführt durch die B-VG Novelle vom 29. November 1988, BGBl. Nr. 685.

[235] BGBl. Nr. 49/1921.

solche Verträge nicht die ausdrückliche Bezeichnung als Staatsverträge führen oder der Vertragsabschluß nicht durch Austausch von Ratifikationsurkunden erfolgt:

a) die Bundesregierung, soweit solche Verträge in der Form von Regierungsübereinkommen abgeschlossen werden;
b) den ressortmäßig zuständigen Bundesminister im Einvernehmen mit dem Bundesminister für Äußeres und, falls das Bundesministerium für Äußeres ressortmäßig zuständig ist, den Bundesminister für Äußeres, soweit solche Verträge in Form von Ressortübereinkommen abgeschlossen werden;
c) den ressortmäßig zuständigen Bundesminister, soweit sich solche Verträge als bloße Verwaltungsübereinkommen darstellen.

In Zusammenhang mit Staatsverträgen muß auch *das Problem der Transformation* behandelt werden. Völkerrechtliche Verträge, also Staatsverträge, werden zwischen Völkerrechtssubjekten abgeschlossen. Diese Verträge verpflichten daher diese Völkerrechtssubjekte. Damit sich diese aber völkerrechtsgemäß verhalten können, müssen ihre Organe das gebotene Verhalten setzen. Die Regelungen des Völkerrechts müssen daher in innerstaatliches Recht umgewandelt werden, um die Menschen, deren Verhalten dem Staat zugerechnet wird, unmittelbar zu verpflichten. Diese Umwandlung wird als Transformation[236] bezeichnet. Bezüglich der Umwandlung einer völkerrechtlichen Regelung in eine staatsrechtliche gibt es zwei mögliche Wege. Einerseits kann die Verpflichtung des Einzelnen in der Form, in der sonst innerstaatliches Recht erzeugt wird, festgelegt werden; es wird somit eine eigene innerstaatliche Vorschrift geschaffen, die der völkerrechtlichen Vorschrift insofern entspricht, als sie dem Einzelnen das völkerrechtlich gebotene Verhalten vorschreibt. Diese Art der Umwandlung wird spezielle Transformation genannt. Andererseits kann eine Norm des Völkerrechts ohne weitere Erlassung einer innerstaatlichen Norm zum innerstaatlichen Recht erklärt werden, was als generelle Transformation bezeichnet wird.[237]

Welche Form der Transformation gewählt wird, entscheidet das zuständige Organ. So legt Art. 50 Abs. 2 B-VG fest, daß anläßlich der Genehmigung eines unter Abs. 1 fallenden Staatsvertrages, d. h. also eines politischen, gesetzesändernden oder gesetzesergänzenden Staatsvertrages, der Nationalrat auch beschließen kann, daß dieser Staatsvertrag durch Erlassung von Gesetzen zu erfüllen ist. Ebenso können der Bundespräsident oder die von ihm zum Abschluß delegierten Organe anordnen, daß dieser Staatsvertrag durch Erlassung von Verordnungen zu erfüllen ist.[238] Es wird somit zum Staatsvertrag ein Erfüllungsvorbehalt angebracht, sodaß dieser durch Erfüllungsgesetze bzw. durch Erfüllungsverordnungen

236 Siehe dazu Heribert Franz Köck, Das allgemeine Völkerrecht, in: Das österreichische Bundes-Verfassungsgesetz und seine Entwicklung, S. 755f.

237 Vgl. dazu Walter-Mayer, Grundriß des österreichischen Bundesverfassungsrechts, S. 87f.

238 Art. 65 Abs. 1 und Art. 66 Abs. 2 B-VG.

zu konkretisieren ist. Durch einen solchen Erfüllungsvorbehalt wird somit eine spezielle Transformation angeordnet, was zur Folge hat, daß der Staatsvertrag zunächst grundsätzlich keine innerstaatlichen Rechtswirkungen entfaltet.

3. Folgen im Hinblick auf die EU-Mitgliedschaft Österreichs

Mit dem 1. Jänner 1995 hat sich für das österreichische Regierungssystem, aber auch für die Rechtsordnung sowie für das gesamte staatliche Leben Österreichs Grundlegendes verändert. Mit dem 1. Jänner 1995 trat *der Beitritt Österreichs zur Europäischen Union* in Kraft. Gravierende verfassungsrechtliche Änderungen ergaben sich aus der Tatsache, daß die Europäische Union supranationale Gemeinschaften umfaßt. Daraus wiederum ergibt sich etwa, daß die Rechtsetzung durch Gemeinschaftsorgane erfolgt, in denen für alle Mitgliedstaaten bindende Beschlüsse auch gegen die Stimme eines Mitgliedstaates zustande kommen können. Wesentlich im Rechtsetzungsverfahren ist auch der Vorrang und die unmittelbare Wirksamkeit des Gemeinschaftsrechts gegenüber den Rechtsordnungen der Mitgliedstaaten. Darüber hinaus erfolgt sodann noch die Kontrolle der Auslegung und Anwendung des Gemeinschaftsrechts durch den Gerichtshof der Europäischen Gemeinschaften. Aus der rechtlichen Gestalt der Europäischen Union ergibt sich somit die Notwendigkeit der Übertragung von Hoheitsrechten, insbesondere im Bereich der Rechtsetzung, an Organe der EU im Falle eines Beitritts.[239]

Der Beitritt Österreichs zur Europäischen Union bringt somit *gravierende Änderungen für die österreichische Rechtsordnung* mit sich. Durch den EU-Beitritt ergeben sich Konsequenzen für einzelne Grundprinzipien der österreichischen Bundesverfassung. Als Beispiel zu nennen wären etwa das demokratische Prinzip, da dem parlamentarischen Gesetzgeber, also dem Nationalrat im Zusammenwirken mit dem Bundesrat auf Bundesebene und den Landtagen auf Länderebene, bestimmte Rechtsetzungskompetenzen entzogen und auf Gemeinschaftsorgane übertragen werden, sowie das bundesstaatliche Prinzip aufgrund der mit dem EU-Beitritt verbundenen Eingriffe in Länderkompetenzen.[240] Prinzipiell legt für eine Gesamtänderung der Bundesverfassung Art. 44 Abs. 3 B-VG fest, daß eine solche einer Abstimmung durch das gesamte Bundesvolk zu unterziehen ist. Allerdings ist es umstritten, ob dieser Art. 44 Abs. 3 B-VG auch für Staatsverträge gilt bzw.

[239] Siehe dazu 1546 der Beilagen zu den Stenographischen Protokollen des Nationalrates XVIII. GP, S. 3.

[240] Dazu näher Herbert Schambeck, Europäische Integration und österreichischer Föderalismus, Schriftenreihe Niederösterreichische Juristische Gesellschaft, Heft 62, Wien 1993, S. 15ff.

ob es verfassungsrechtlich überhaupt zulässig ist, im Wege des Abschlusses eines Staatsvertrages eine Gesamtänderung der Bundesverfassung herbeizuführen, da nach Art. 50 Abs. 3 B-VG auf die anläßlich eines Staatsvertragsabschlusses notwendigen parlamentarischen Genehmigungsbeschlüsse lediglich die Absätze 1 und 2 des Art. 44 B-VG anzuwenden sind.[241]

Aufgrund dieser verfassungsrechtlichen Unklarheiten und aus anderen rechtlichen Erwägungen[242] entschloß sich die Bundesregierung, eine *besondere bundesverfassungsgesetzliche Regelung über die Mitgliedschaft Österreichs in der Europäischen Union* zu schaffen und diese dem Verfahren gemäß Art. 44 Abs. 3 B-VG zu unterziehen.[243] Dieses Bundesverfassungsgesetz über den Beitritt Österreichs zur Europäischen Union vom 5. Mai 1994[244] ermächtigt die bundesverfassungsgesetzlich zuständigen Organe, den Staatsvertrag über den Beitritt Österreichs zur Europäischen Union abzuschließen. Weiters legt Art. II fest, daß dieser Staatsvertrag nur mit Genehmigung des Nationalrates und der Zustimmung des Bundesrates abgeschlossen werden darf, wobei diese Beschlüsse jeweils der Anwesenheit von mindestens der Hälfte der Mitglieder und einer Mehrheit von zwei Drittel der abgegebenen Stimmen bedürfen.

Aufgrund dieses mit dem 1. Jänner 1995 vollzogenen Beitritts Österreichs zur Europäischen Union bestand auch die Notwendigkeit, die *rechtspolitisch zweckmäßigen bundesverfassungsgesetzlichen Anpassungsregelungen* im Zusammenhang mit dem Beitritt zu erlassen. Dieses „EU-Begleit-BVG" wurde in Form einer B-VG Novelle[245] erlassen und beinhaltet schwerpunktmäßig Regelungen bezüglich der Wahlen zum Europäischen Parlament, Mitwirkungsrechte der Länder und Gemeinden sowie des Nationalrates und des Bundesrates bei Vorhaben der Europäischen Union, Regelungen betreffend die Teilnahme Österreichs an der Gemeinsamen Außen- und Sicherheitspolitik sowie Unvereinbarkeitsregelungen.[246]

Daraus seien vor allem die *Regelungen bezüglich der Mitwirkung der Länder und Gemeinden sowie des Nationalrates und des Bundesrates bei Vorhaben der Europäi-*

241 Siehe dazu etwa HERIBERT FRANZ KÖCK, SIGMAR STADLMEIER, EG-Beitritt und Volksabstimmung, in: Arbeit, Recht und Gesellschaft, Festschrift für Walter Schwarz zum 65. Geburtstag, hrsg. v. Oswin Martinek, Wien 1991, S. 731ff. und BERND WIESER, Bedarf eine Gesamtänderung der Bundesverfassung durch Staatsvertrag einer Volksabstimmung?, Österreichische Richterzeitung, Heft 4/1989, S. 74ff.

242 Dazu etwa GERHART HOLZINGER, Gravierende verfassungsrechtliche Änderungen im Zusammenhang mit einem österreichischen EG-Beitritt, Juristische Blätter, Heft 1/1993, S. 13.

243 Dazu näher HARALD STOLZLECHNER, Die Auswirkungen einer Mitgliedschaft Österreichs in der Europäischen Union auf die österreichische Verfassungsordnung, in: Waldemar Hummer (Hrsg.), Die Europäische Union und Österreich, Wien 1994, S. 163ff.

244 BGBl. Nr. 363/1994.

245 BGBl. Nr. 1013/1994.

246 Vgl. 27 der Beilagen zu den Stenographischen Protokollen des Nationalrates XIX. GP, S. 6ff.

schen Union herausgegriffen. Aufgrund der schon erwähnten notwendigen Abgabe von Hoheitsbefugnissen an die Organe der Europäischen Union ergeben sich Auswirkungen auf den bundesstaatlichen Aufbau Österreichs.[247] Mit diesen verfassungsgesetzlichen Regelungen über die Mitwirkung der Länder und Gemeinden an der innerstaatlichen Willensbildung in EU-Angelegenheiten sollen die Auswirkungen dieser Zuständigkeitsübertragung teilweise kompensiert werden.

Zunächst legt Art. 23c Abs. 4 fest, daß die österreichische Mitwirkung an der *Ernennung von Mitgliedern des Ausschusses der Regionen* und deren Stellvertretern aufgrund von Vorschlägen der Länder sowie des Österreichischen Städtebundes und des Österreichischen Gemeindebundes zu erfolgen hat. Gem. Art. 23d Abs. 1 hat der Bund die Länder unverzüglich über alle Vorhaben im Rahmen der Europäischen Union, die den selbständigen Wirkungsbereich der Länder berühren oder sonst für sie von Interesse sein könnten, zu unterrichten und ihnen Gelegenheit zur Stellungnahme zu geben. Gleiches gilt für die Gemeinden, soweit der eigene Wirkungsbereich oder sonstige wichtige Interessen der Gemeinden berührt werden. Liegt dem Bund eine einheitliche Stellungnahme der Länder zu einem Vorhaben im Rahmen der Europäischen Union vor, das Angelegenheiten betrifft, in denen die Gesetzgebung Landessache ist, so ist der Bund bei Verhandlungen und Abstimmungen in der Europäischen Union an diese Stellungnahme gebunden. Der Bund darf nur aus zwingenden außen- und integrationspolitischen Gründen abweichen.[248] Außerdem kann, soweit ein Vorhaben im Rahmen der Europäischen Union auch Angelegenheiten betrifft, in denen die Gesetzgebung Landessache ist, die Bundesregierung gem. Art. 23d Abs. 3 einem von den Ländern namhaft gemachten Vertreter *die Mitwirkung an der Willensbildung im Rat* übertragen. Die Wahrnehmung dieser Befugnis erfolgt unter Beteiligung des zuständigen Mitgliedes der Bundesregierung und in Abstimmung mit diesem. Für einen solchen Ländervertreter gilt ebenso die Regelung, daß er bei Vorliegen einer einheitlichen Stellungnahme der Länder bei Verhandlungen und Abstimmungen in der Europäischen Union an diese gebunden ist und nur aus zwingenden außen- und integrationspolitischen Gründen abweichen darf, wobei er die Gründe hiefür unverzüglich den Ländern mitzuteilen hat. Demgegenüber sind die Länder gem. Art. 23d Abs. 5 verpflichtet, Maßnahmen zu treffen, die in ihrem selbständigen Wirkungsbereich zur Durchführung von Rechtsakten im Rahmen der europäischen Integration erforderlich werden. Andernfalls kommt es zu einem Übergang der Zuständigkeit auf den Bund.

[247] Dazu PETER PERNTHALER, Die Auswirkungen einer Mitgliedschaft Österreichs in der Europäischen Union auf die österreichischen Bundesländer, in: Die Europäische Union und Österreich, S. 179ff.
[248] Art. 23d Abs. 2 B-VG.

Diese Regelungen der Mitwirkung der Länder und Gemeinden in Angelegenheiten der Europäischen Union des Art. 23d B-VG stellten jedoch keine Neuerung im österreichischen Verfassungsrecht dar. Schon im Jahre 1992 wurden durch die B-VG Novelle, BGBl. Nr. 276/1992, für den Bereich der europäischen Integration die Mitwirkungsmöglichkeiten für die Länder und Gemeinden sichergestellt. So legte Art. 10 Abs. 4 fest, daß der Bund die Länder unverzüglich über alle Vorhaben im Rahmen der europäischen Integration, die den selbständigen Wirkungsbereich der Länder berühren oder sonst für sie von Interesse sein könnten, zu unterrichten und ihnen Gelegenheit zur Stellungnahme zu geben habe. Gleiches habe auch für die Gemeinden zu gelten, soweit der eigene Wirkungsbereich oder sonstige wichtige Interessen berührt würden. Sollte es zu einer solchen Stellungnahme der Länder zu einem Vorhaben im Rahmen der europäischen Integration kommen, so ist der Bund gem. Art. 10 Abs. 5 B-VG bei zwischenstaatlichen Verhandlungen und Abstimmungen an diese Stellungnahme gebunden. Er darf davon nur aus zwingenden außen- und integrationspolitischen Gründen abweichen. Diese Verfassungsgrundsätze wurden durch zwei Vereinbarungen gem. Art. 15a B-VG weiter konkretisiert, nämlich durch die Vereinbarung zwischen dem Bund und den Ländern über die Mitwirkungsrechte der Länder und Gemeinden in Angelegenheiten der Europäischen Integration, BGBl. Nr. 775/1992, sowie durch eine Vereinbarung der österreichischen Bundesländer über die gemeinsame Willensbildung in Angelegenheiten der Europäischen Integration vom 12. März 1992.[249]

Dieses Länderbeteiligungsverfahren lehnte sich stark an das der Bundesrepublik Deutschland an, welches seinen Ausgang schon im Zuge der Ratifizierung der Römischen Verträge im Art. 2 des Zustimmungsgesetzes nahm, worin festgelegt wurde, daß die Bundesregierung Bundestag und Bundesrat über die Entwicklung im Rat der Europäischen Gemeinschaften laufend zu unterrichten habe.[250] Außer-

[249] Siehe dazu näher MARGIT KÖRNER, Das EU-Begleit-Bundesverfassungsgesetz – die Mitwirkung der Parlamente von Bund und Ländern bei der Schaffung von neuem EU-Recht, in: Andreas Khol, Günther Ofner, Alfred Stirnemann (Hrsg.), Österreichisches Jahrbuch für Politik 1994, 1995, S. 513ff.; HEINRICH NEISSER, Verfassungsreform im Lichte des EU-Beitrittes, in: Grundfragen und aktuelle Probleme des öffentlichen Rechts, Festschrift für Heinz Peter Rill zum 60. Geburtstag, hrsg. v. Stefan Griller u. a., Wien 1995, S. 335ff.; THEO ÖHLINGER, Ein Bundesstaat auf dem Weg in die Europäische Gemeinschaft, in: Für Recht und Staat, Festschrift für Herbert Helmrich zum 60. Geburtstag, hrsg. v. Klaus Letzgus u. a., München 1994, S. 379ff.; HEINZ PETER RILL, Die Bundesländer und die europäische Integration (EWR und EWG), in: Heinz Schäffer, Harald Stolzlechner (Hrsg.), Reformbestrebungen im Österreichischen Bundesstaatssystem, Schriftenreihe des Instituts für Föderalismusforschung Band 57, Wien 1993, S. 51ff. sowie HEINZ SCHÄFFER, Europa und die österreichische Bundesstaatlichkeit, Die öffentliche Verwaltung 1994, S. 181ff.

[250] Verfahren zur Unterrichtung von Bundestag und Bundesrat gem. Art. 2 des Gesetzes zu den Verträgen zur Gründung der Europäischen Wirtschaftsgemeinschaft und der Europäischen Atomgemeinschaft vom 27. Juli 1957 (BGBl. II 1957, S. 753); siehe dazu näher DORIS FUHRMANN-MITTLMEIER, Die deutschen Länder im Prozeß der Europäischen Einigung, Berlin 1991, S. 187ff.

dem kam es 1979 zu einer Absprache zwischen dem Bundeskanzler und den Ministerpräsidenten über eine Länderbeteiligung bei den EG-Vorlagen, dergemäß die Länder ihren Standpunkt gegenüber der Bundesregierung darlegen, wenn EG-Vorhaben ganz oder teilweise die ausschließliche Gesetzgebungskompetenz der Länder berühren.[251]

Zu einer Verbesserung des Länderbeteiligungsverfahrens[252] kam es schließlich im Zuge des Zustandekommens der Einheitlichen Europäischen Akte. Durch Art. 2 des Zustimmungsgesetzes zur EEA[253] und durch eine 1987 abgeschlossene Bund-Länder-Vereinbarung[254] kam es zu einer erweiterten Beteiligung des Bundesrates im Prozeß der europäischen Integration, dergestalt, daß nun dem Bundesrat bei Gemeinschaftsvorhaben, die ganz oder in einzelnen Bestimmungen ausschließlich Gesetzgebungsmaterien der Länder betreffen oder deren wesentlichen Interessen berühren, Gelegenheit zur Stellungnahme binnen angemessener Frist zu geben ist. Diese Stellungnahme muß die Bundesregierung bei den Verhandlungen in Brüssel berücksichtigen, wobei sie nur aus unabweisbaren außen- und integrationspolitischen Gründen davon abweichen darf. Kommt es zu einer derartigen Abweichung, so hat die Bundesregierung dem Bundesrat die dafür maßgeblichen Gründe mitzuteilen.

Aber wenn auch das deutsche Länderbeteiligungsverfahren in gewisser Weise Vorbild für die österreichische Regelung war, so ging dennoch diese über das damalige für Deutschland festgelegte Verfahren hinaus. So wurde durch die B-VG Novelle 1992 das Länderbeteiligungsverfahren in Österreich verfassungsrechtlich abge-

[251] Der Text dieses Briefwechsels findet sich etwa in: Rudolf Hrbek, Uwe Thaysen (Hrsg.), Die deutschen Länder und die Europäischen Gemeinschaften, Baden-Baden 1986.

[252] Zum Länderbeteiligungsverfahren der Bundesrepublik Deutschland siehe etwa Peter Badura, Das Staatsziel „Europäische Integration" im Grundgesetz, in: Für Staat und Recht, Festschrift für Herbert Schambeck, hrsg. v. Johannes Hengstschläger u. a., Berlin 1994, S. 887ff.; Otto Bardong, Die Einheitliche Europäische Akte und die Länder der Bundesrepublik Deutschland – ein föderalistisches Problem, in: Stefan Huber, Peter Pernthaler (Hrsg.), Föderalismus und Regionalismus in europäischer Perspektive, Schriftenreihe des Instituts für Föderalismusforschung, Band 44, Wien 1988, S. 33ff.; Georg-Berndt Oschatz, EG-Rechtsetzung und deutscher Föderalismus, in: Detlef Merten (Hrsg.), Föderalismus und Europäische Gemeinschaften, Berlin 1990, S. 63ff.; Werner von Simon, Jürgen Schwarze, Europäische Integration und Grundgesetz, in: Ernst Benda, Werner Maihofer, Hans-Jochen Vogel (Hrsg.), Handbuch des Verfassungsrechts, 2. Auflage, Berlin, New York 1994, S. 53ff. sowie Rudolf W. Strohmeier, Möglichkeiten der Einflußnahme auf den Entscheidungsprozeß der Europäischen Gemeinschaften durch die Deutschen Bundesländer nach Einrichtung von Länderbüros in Brüssel, Die Öffentliche Verwaltung 1988, S. 633ff.

[253] Gesetz zur Einheitlichen Europäischen Akte vom 28. Februar 1986 (BGBl. II 1986, S. 1102).

[254] Vereinbarung zwischen der Bundesregierung und den Regierungen der Länder über die Unterrichtung und Beteiligung des Bundesrates und der Länder bei Vorhaben im Rahmen der Europäischen Gemeinschaften in Ausführung von Artikel 2 des Gesetzes vom 19. Dezember 1986 zur Einheitlichen Europäischen Akte vom 28. Februar 1986, vom 17. Dezember 1987, abgedruckt in: Sekretariat des Bundesrates (Hrsg.), Bundesrat und Europäische Gemeinschaften. Dokumente Bonn, Dok. 53, 1988.

sichert. Außerdem sieht die österreichische Regelung eine direkte Beteiligung der Länder vor und nicht – wie in der deutschen Lösung – eine Mitwirkung des Bundesrates an der europäischen Integration. Schließlich sind auch die Städte und Gemeinden durch den Städte- und Gemeindebund in das Verfahren miteinbezogen.[255]

Mit dem Beitritt Österreichs zur Europäischen Union wurde es notwendig, wiederum die österreichische Verfassung an die neuen Gegebenheiten anzupassen, was zu dem schon erwähnten EU-Begleit-BVG führte mit den zitierten Regelungen bezüglich der Mitwirkung der Länder und Gemeinden bei Vorhaben der Europäischen Union.

Doch auch in der Bundesrepublik Deutschland zeigte sich vor allem nach der Unterzeichnung des Maastrichter Vertrags immer mehr die Bestrebung, die Mitwirkungsrechte der Länder verfassungsrechtlich zu verankern. So kam es schließlich zur Neuformulierung des Art. 23 GG[256], der auch als Europa-Artikel bezeichnet wird. Darin wird nun in Abs. 2 festgelegt, daß in Angelegenheiten der Europäischen Union der Bundestag und durch den Bundesrat die Länder mitwirken. Deshalb hat die Bundesregierung den Bundestag und den Bundesrat umfassend und zum frühestmöglichen Zeitpunkt zu unterrichten. Art. 23 Abs. 4 GG legt fest, daß der Bundesrat an der Willensbildung des Bundes zu beteiligen ist, soweit er an einer entsprechenden innerstaatlichen Maßnahme mitzuwirken hätte oder soweit die Länder innerstaatlich zuständig sind. Gem. Abs. 5 berücksichtigt die Bundesregierung die Stellungnahme des Bundesrates, soweit in einem Bereich ausschließlicher Zuständigkeit des Bundes Interessen der Länder berührt sind oder soweit im übrigen der Bund das Recht zur Gesetzgebung hat. Wenn im Schwerpunkt Gesetzgebungsbefugnisse der Länder, die Einrichtung ihrer Behörden oder ihre Verwaltungsverfahren betroffen sind, ist bei der Willensbildung des Bundes insoweit die Auffassung des Bundesrates maßgeblich zu berücksichtigen. Schließlich legt Art. 23 Abs. 6 GG fest, daß, wenn im Schwerpunkt ausschließliche Gesetzgebungsbefugnisse der Länder betroffen sind, die Wahrnehmung der Rechte, die der Bundesrepublik Deutschland als Mitgliedstaat der Europäischen Union zustehen, vom Bund auf einen vom Bundesrat benannten Vertreter der Länder übertragen werden soll.

Mit dieser Umgestaltung des Art. 23 GG zu einem Europa-Artikel fanden in Deutschland nunmehr die bisherigen Diskussionen um die Art der Regelung des Länderbeteiligungsverfahrens im Rahmen der Europäischen Integration ein vorläufiges Ende.

Betrachtet man, wiederum zu den österreichischen Regelungen zurückkehrend, die Bestimmungen, die auf Grund der gravierenden verfassungsrechtlichen

[255] Siehe dazu Jürgen Weiss, Föderalismus in einem neuen Europa, in: Herbert Schambeck (Hrsg.), Föderalismus und Parlamentarismus in Österreich, Wien 1992, S. 643 ff.

[256] BGBl. I 1992, S. 2086.

Änderungen im Zusammenhang mit dem Beitritt zur Europäischen Union in Österreich notwendig wurden, so zeigt sich, daß neben den Ländern und Gemeinden natürlich auch der Nationalrat und der Bundesrat bei Vorhaben der Europäischen Union mitzuwirken haben.

Um nämlich die durch die Übertragung von Hoheitsrechten auf supranationale Organe entstehenden Kompetenzverluste nationaler parlamentarischer Organe teilweise auszugleichen, werden Mitwirkungsrechte des Nationalrates und des Bundesrates vorgesehen. Zunächst legt Art. 23c Abs. 2 fest, daß in Zusammenhang mit der Ernennung von Mitgliedern der Kommission und anderer Organe (siehe Art. 23c Abs. 1) die Bundesregierung das Einvernehmen mit dem Hauptausschuß des Nationalrates herzustellen hat. Außerdem ist gem. Art. 23c Abs. 5 der Bundesrat zu unterrichten. Weiters besteht laut Art. 23e Abs. 1 eine Informationspflicht des zuständigen Mitglieds der Bundesregierung gegenüber dem Nationalrat und dem Bundesrat über alle Vorhaben im Rahmen der Europäischen Union, an welche auch ein *Recht zur Stellungnahme* angeschlossen ist. Liegt dem zuständigen Mitglied der Bundesregierung eine Stellungnahme des Nationalrates zu einem Vorhaben im Rahmen der Europäischen Union vor, das durch Bundesgesetz umzusetzen ist oder das auf die Erlassung eines unmittelbar anwendbaren Rechtsaktes gerichtet ist, der Angelegenheiten betrifft, die bundesgesetzlich zu regeln wären, so ist es gem. Art. 23e Abs. 2 bei Verhandlungen und Abstimmungen in der Europäischen Union an diese Stellungnahme gebunden. Es darf davon nur aus zwingenden außen- und integrationspolitischen Gründen abweichen.

Würde der in Vorbereitung befindliche Rechtsakt der Europäischen Union eine Änderung des geltenden Bundesverfassungsrechts bedeuten, so ist eine Abweichung nach Abs. 3 jedenfalls nur zulässig, wenn ihr der Nationalrat innerhalb angemessener Frist nicht widerspricht. Liegt dem zuständigen Mitglied der Bundesregierung eine Stellungnahme des Bundesrates zu einem Vorhaben im Rahmen der Europäischen Union vor, das zwingend durch ein Bundesverfassungsgesetz umzusetzen ist, das nach Art. 44 Abs. 2 der Zustimmung des Bundesrates bedürfte, so ist es bei Verhandlungen und Abstimmungen an diese Stellungnahme gebunden. Es darf wiederum nur aus zwingenden außen- und integrationspolitischen Gründen abweichen. Ein weiterreichendes Mitwirkungsrecht, wie dies in Art. 23e Abs. 3 B-VG für den Nationalrat vorgesehen ist, gibt es für den Bundesrat nicht.

4. *Zur Staatsgerichtsbarkeit*

Aus der Vielzahl von Regelungen betreffend die Außenpolitik ergibt sich somit ein Geflecht an Zuständigkeiten zwischen Bundespräsident, Bundesregierung und Parlament, wobei das Zustimmungs- und Stellungnahmerecht des Nationalrates und des Bundesrates auch Kontrollfunktion besitzt, die das außenpolitische Wollen der Bundesregierung rechtlich auf die Verfassungs- und Gesetzmäßigkeit und politisch auf die Übereinstimmung mit den Vorstellungen der Parlamentsfraktionen prüft; der rechtsnormative Teil der Kontrolle bezieht sich auf den *staatsrechtlichen Gehalt der Ministerverantwortlichkeit;* zu deren Geltendmachung ist nach Art. 142 B-VG in Österreich der Verfassungsgerichtshof zuständig.[257] Der Verfassungsgerichtshof erkennt über „die Anklage, mit der die verfassungsmäßige Verantwortlichkeit der obersten Bundes- und Landesorgane für die durch ihre Amtstätigkeit erfolgten schuldhaften Rechtsverletzungen geltend gemacht wird".

5. *Zur Weiterentwicklung des Parlamentarismus*

Die Berücksichtigung des heutigen Parteienstaates in der parlamentarischen Republik verlangt es, parlamentarische Kontrollrechte[258], ausgenommen natürlich die Sanktion des Mißtrauensvotums, im Rahmen des Möglichen als *Minderheitsrechte* weiterzuentwickeln und so auch der Opposition zugänglich zu machen. Es ist außerdem erforderlich, daß *das Parlament* über einen entsprechenden *administrativen und wissenschaftlichen Hilfsapparat* verfügt, der es von der Regierung und seiner Verwaltung unabhängiger macht. Für beides ist die Entwicklung in Bonn und in der Bundesrepublik Deutschland vorbildlich und wegweisend. Anderenfalls entsteht in bezug auf *das Parlament* als eine der Stützen der Staatsleitung der *Anschein,* als würde es im Bereich der Gesetzgebung bei der Vielzahl an Regierungsvorlagen *nur ein Ratifikationsorgan für außerparlamentarisch gefaßte Beschlüsse* sein, und im Bereich der parlamentarischen Kontrolle nur mit dem befaßt werden, was außerparlamentarisch, nämlich von den Massenmedien, durch Recherchen aufbereitet wurde. In beiden Fällen befindet sich das Parlament in einem Nachziehverfahren und das vor einer immer kritischer werdenden Öffentlichkeit.[259] In dieser Sicht münden Gedanken über ein Regierungssystem aufgrund geltender Verfassungsnormen in der *Frage nach der Verfassungswirklichkeit,* die sich ohne verfassungsrechtliche Vorschreibung *im staatsrechtsfreien Raum, aber*

[257] Beachte Walter-Mayer, Grundriß des österreichischen Bundesverfassungsrechts, S. 416ff.

[258] Siehe dazu etwa Herbert Schambeck, Regierung und Parlament, Betrachtungen zu den parlamentarischen Kontrollrechten, S. 39ff.; Heinrich Neissner, Die Kontrollfunktion des Parlaments, S. 652ff. sowie Peter Gerlich, Parlamentarische Kontrolle im politischen System.

[259] Siehe dazu Herbert Schambeck, Staat, Öffentlichkeit und Öffentliche Meinung, Wissenschaftliche Abhandlungen und Reden zur Philosophie, Politik und Geistesgeschichte, Band 17, Berlin 1992, S. 14ff.

innerhalb des staatsrechtlich zulässigen Rahmens ergibt; von diesem letztgenannten Bereich der Verfassungswirklichkeit wäre jene klar zu unterscheiden, die sich gegen den Wortlaut und Sinn der Verfassung ergibt; sie wäre als mehr oder weniger stillschweigende Verfassungsumwandlung anzusehen.

VIII. Kontrollmöglichkeiten in der Verfassungswirklichkeit

Betrachtet man diese Verfassungswirklichkeit in Österreich unter dem Gesichtspunkt des Regierungssystems und der Gewaltenteilung, so haben sich eine Reihe von *Strukturen* gebildet, *die* einen *Machtverteilungseffekt mit Kontrollmöglichkeit erzeugen.*

In einem *Bundesstaat* ergibt sich diese *Gewaltenteilung*[260] in der Verfassungswirklichkeit schon zwischen Bund und Ländern, die in einem bedingenden und bedingten Zusammenhang stehen und die sich gegenseitig kontrollieren; es sei an das Einspruchsrecht des Bundesrates gegen Gesetzesbeschlüsse des Nationalrates[261] ebenso erinnert wie an das Einspruchsrecht der Bundesregierung gegen Landtagsbeschlüsse[262] zur Wahrung von Bundesinteressen und an das Gesetzes- und Verordnungsanfechtungsrecht der Bundesregierung gegen derartige Normen der Länder und umgekehrt.[263]

Nicht unerwähnt soll über das institutionalisierte Verfassungsrecht hinaus jene Verfassungswirklichkeit bleiben, die sich durch das freiwillige Zusammenschließen von für die politische Meinungs- und Willensbildung in Österreich wichtig gewordenen Organen der Länder gebildet hat, wie die Verbindungsstelle österreichischer Bundesländer, die regelmäßige Konferenz der Landeshauptmänner[264], welche die Forderungsprogramme österreichischer Bundesländer[265] beschlossen

[260] Näher HERBERT SCHAMBECK, Föderalismus und Gewaltenteilung, in: Gerhard Leibholz, Hans Joachim Faller, Paul Mikat, Hans Reis (Hrsg.), Menschenwürde und freiheitliche Rechtsordnung, Festschrift für Willi Geiger zum 65. Geburtstag, Tübingen 1974, S. 643 ff. und vorher grundlegend WERNER KÄGI, Zur Entstehung, Wandlung und Problematik des Gewaltenteilungsprinzipes, ein Beitrag zur Verfassungsgeschichte und Verfassungslehre, Zürich 1937.

[261] Art. 42 B-VG.

[262] Art. 98 Abs. 2 B-VG.

[263] Art. 139 Abs. 1 und Art. 140 Abs. 1 B-VG.

[264] Siehe etwa MICHAEL MORASS, Regionale Interessen auf dem Weg in die Europäische Union, Strukturelle Entwicklung und Perspektiven der Interessenvermittlung österreichischer und deutscher Landesakteure im Rahmen der Europäischen Integration, Schriftenreihe des Instituts für Föderalismusforschung, Band 60, Wien 1994, S. 240 ff.

[265] Näher HEINZ PANSI, Forderungsprogramme der Bundesländer und Bundesverfassung, Österreichische Juristen-Zeitung 1991, S. 768 ff.; WOLFGANG BURTSCHER, Die völkerrechtlichen Aspekte des Forderungsprogrammes der österreichischen Bundesländer im Vergleich zu bestehenden Außenkompetenzen der Gliedstaaten der Schweiz und der Bundesrepublik Deutschland, in: Stefan Huber, Peter Pernthaler (Hrsg.), Föderalismus und Regionalismus in europäischer Perspektive,

haben, weiters die Konferenz der Landtagspräsidenten sowie die der Landesamtsdirektoren, der Landesfinanz-, -bau- und -gesundheitsreferenten. In oft rivalisierender und letztlich koordinierender Weise werden das bundes- und landespolitische Wollen aufeinander abgestimmt, um schließlich nach entsprechenden Verhandlungen zu Gesetzesbeschlüssen oder auch zu Gliedstaatsverträgen[266], die seit der B-VG Novelle 1974[267] im Rahmen des kooperativen Föderalismus zwischen Bund und Ländern oder den Ländern untereinander abgeschlossen werden können, zu führen.

In dieser Form lebendigen Föderalismus[268] erweist sich oft *das Sachproblem als Integrationsfaktor* gegenüber den parteipolitischen Unterschiedlichkeiten und führt zu Einstimmigkeiten, wie die regelmäßig gegenüber dem Bund einhellig beschlossenen *Forderungsprogramme der Länder* zeigen.

Daneben besteht im öffentlichen Leben eine Machtverteilung als *eine Art Gewaltenteilung zwischen politischen Parteien*[269] einerseits *und Interessenverbänden*[270] andererseits. Beiden sind im Bundes-Verfassungsgesetz keine eigenen Abschnitte gewidmet; die Interessenverbände sind als juristische Personen des öffentlichen Rechts Selbstverwaltungskörper[271], Körperschaften des öffentlichen Rechts und haben ihre verfassungsrechtliche Grundlage in den Kompetenztatbeständen des B-VG[272], wo aber nur die juristischen Personen des öffentlichen Rechts, die *Kam-*

Schriftenreihe des Instituts für Föderalismusforschung, Band 44, Wien 1988, S. 41ff.; KLAUS BERCHTOLD, Die Verhandlungen zum Forderungsprogramm der Bundesländer seit 1956, Schriftenreihe des Instituts für Föderalismusforschung, Band 42, Wien 1988, S. 92ff. sowie PETER PERNTHALER, Das Forderungsprogramm der österreichischen Bundesländer, Schriftenreihe des Instituts für Föderalismusforschung, Band 19, Wien 1980.

266 Art. 15a B-VG.

267 BGBl. Nr. 444/1974; siehe HEINZ PETER RILL, Gliedstaatsverträge. Eine Untersuchung nach österreichischem und deutschem Recht, Forschungen aus Staat und Recht 17, Wien-New York 1972.

268 HERBERT SCHAMBECK, Zum Werden und zu den Aufgaben des österreichischen Föderalismus, S. 17ff.; PETER PERNTHALER, Zum Begriff von Föderalismus und Bundesstaat in Österreich, in: Föderalismus und Parlamentarismus in Österreich, S. 35ff. sowie FELIX ERMACORA, Österreichischer Föderalismus. Vom patrimonialen zum kooperativen Bundesstaat, Schriftenreihe des Instituts für Föderalismusforschung, Band 3, Wien 1976.

269 Näher HERBERT SCHAMBECK, Politische Parteien und österreichische Staatsrechtsordnung, S. 603ff. und DERSELBE, Die Stellung der politischen Parteien nach österreichischem Verfassungsrecht, in: Form und Erfahrung - Ein Leben für die Demokratie, Festschrift für Ferdinand A. Hermens, hrsg. v. Rudolf Wildenmann, Berlin 1976, S. 6ff.

270 Dazu HERBERT SCHAMBECK, Die Interessenverbände - ihr Auftrag in Staat und Gesellschaft, S. 61ff.; DERSELBE, Ist der moderne Staat ein Ständestaat?, in: Die Verbände und ihr Ordnungsanspruch, Gesellschaft und Politik, Schriftenreihe des Institutes für Sozialpolitik und Sozialreform, Neue Folge 3/1965, S. 48ff. sowie DERSELBE, Kammerorganisation und Ständeordnung, in: Im Dienste der Sozialreform, Festschrift für Karl Kummer, hrsg. v. Anton Burghardt u. a., Wien 1965, S. 443ff.

271 ANTONIOLLI-KOJA, Allgemeines Verwaltungsrecht, S. 364ff.; KARL KORINEK, Wirtschaftliche Selbstverwaltung, Wien-New York 1970 sowie ADOLF MERKL, Allgemeines Verwaltungsrecht, Wien und Berlin 1927, Neudruck Darmstadt 1969, S. 342ff.

272 Beachte Art. 10 Abs. 1 Z. 8 und Art. 11 Abs. 1 Z. 2 B-VG; siehe HERBERT SCHAMBECK, Die Demokratie, S. 220ff.; ADAMOVICH-FUNK, Österreichisches Verfassungsrecht, S. 108f. sowie WALTER-MAYER, Grundriß des österreichischen Bundesverfassungsrechts, S. 329ff.

mern, genannt sind. Für die auf Vereinsbasis gebildeten sogenannten freien Interessensvertretungen mit freiwilliger Mitgliedschaft ist die Vereinsfreiheit des Art. 12 Staatsgrundgesetz[273] über die allgemeinen Rechte der Staatsbürger 1867 die Rechtsgrundlage.

Die politischen Parteien haben ihre *Grundlage im* Verfassungsrecht erst durch das *Parteiengesetz 1975*[274] erhalten, das sie in einem Verfassungsartikel als „wesentliche Bestandteile der Demokratie" bezeichnet und ihre Aufgaben bloß mit den Worten umschreibt: „Zu den Aufgaben der politischen Parteien gehört die Mitwirkung an der politischen Willensbildung." Es ist für sie volle Gründungs- und Betätigungsfreiheit vorgesehen, sie erhalten Rechtspersönlichkeit (ob des öffentlichen oder privaten Rechts ist nicht geklärt) durch Hinterlegung der Satzung, wobei es keinen Parteienverbotstatbestand und kein eigenes Parteienverbotsverfahren gibt. Es wäre allenfalls ein Akt des Bundesverfassungsgesetzgebers erforderlich, Parteien zu verbieten.[275] Österreich erweist sich in bezug auf seine Parteienstaatlichkeit nicht als wehrhafte Demokratie[276].

In dem Nebeneinander von politischen Parteien und Interessenverbänden ergibt sich ein gegenseitiges Mitdenken und so auch kontrollierendes Denken und Wollen der mehr weltanschaulichen und ideologischen Einstellung der Parteien einerseits und der mehr sachorientierten Berufsvertretung der Interessenverbände andererseits. Ihr Wirken ist aber insofern geradezu verschränkt, als einerseits die Parteien auch Gliederungen nach berufsständischen Gesichtspunkten aufweisen und andererseits den Interessenverbänden auch eine Fraktionsbildung nach parteipolitischen Gesichtspunkten eigen ist. Die Mitwirkung der Interessenverbände

[273] Staatsgrundgesetz über die allgemeinen Rechte der Staatsbürger, RGBl. Nr. 142/1867; näher Herbert Schambeck, Interessenvertretung und Vereinsfreiheit, in: Dimensionen des Rechts, Gedächtnisschrift für René Marcic, Band 1, S. 647ff.

[274] BGBl. Nr. 404/1975 in der Fassung BGBl. Nr. 238/1991; siehe Walter-Mayer, Grundriß des österreichischen Bundesverfassungsrechts, S. 64ff.; Adamovich-Funk, Österreichisches Verfassungsrecht, S. 405ff.; Herbert Schambeck, Politische Parteien und österreichische Staatsrechtsordnung, S. 609ff.; Derselbe, Die Stellung der politischen Parteien nach österreichischem Verfassungsrecht, S. 66ff. sowie Derselbe, Die Demokratie, S. 211ff.

[275] Herbert Schambeck, Die Demokratie, S. 214f.; Adamovich-Funk, Österreichisches Verfassungsrecht, S. 405ff. sowie Walter-Mayer, Grundriß des österreichischen Bundesverfassungsrechts, S. 64ff.

[276] Vgl. zu diesem Problemkreis allgemein Jürgen Becker, Die wehrhafte Demokratie des Grundgesetzes, in: Josef Isensee und Paul Kirchhof (Hrsg.), Handbuch des Staatsrechts der Bundesrepublik Deutschland, Band VII, Heidelberg 1992, S. 309ff.; Werner von Simson und Martin Kriele, Das demokratische Prinzip im Grundgesetz, Veröffentlichungen der Vereinigung der Deutschen Staatsrechtslehrer Heft 29, Berlin 1971, S. 3ff. und 46ff.; die kritische Analyse der diesbezüglichen Rechtsprechung des Bundesverfassungsgerichtes durch Eckart Bulla, Die Lehre von der streitbaren Demokratie, Archiv des öffentlichen Rechts 1973, S. 340ff. sowie Frank Stollberg, Die verfassungsrechtlichen Grundlagen des Parteiverbots, Schriften zum Öffentlichen Recht, Band 298, Berlin 1976.

am öffentlichen Leben, sei es im Verhandlungsgespräch, in der Gesetzesbegutachtung oder der Sozialpartnerschaft, trägt in Österreich zu Versachlichung, Objektivierung und so der Integration der Meinungs- und Willensbildung bei; von ihr ist ein wichtiger Beitrag zur innerstaatlichen Befriedung ausgegangen. Dabei ist es bemerkenswert, daß sich die Partnerschaft der Sozial- und Wirtschaftsverbände in Österreich seit 1945 bis heute dauerhafter erwiesen hat, als das Koalieren der beiden großen politischen Parteien!

Während das Nebeneinander von Parteien und Interessenverbänden eine Machtverteilung ist, kann *eine weitere Form der effektiven Gewaltenteilung*, die das Staatshandeln auf allen Ebenen begleitet, nämlich die *von Politikern und Beamten*[277], als Strukturunterschied *innerhalb der Verantwortung des Gesetzesvollzugs angesehen werden*.

Der Beamte[278] hat nämlich die Möglichkeit, den Politiker auf die Möglichkeiten und Grenzen politischen Wollens, die in Verfassung und Gesetz gelegen sind, aufmerksam zu machen. Er ist zwar nach Art. 20 B-VG dem Politiker als übergeordnetem Vollzugsorgan gehorsamspflichtig und weisungsgebunden, braucht eine Weisung aber nicht zu befolgen, wenn diese von einem unzuständigen Organ oder von einem zwar zuständigen Organ kommt, deren Befolgung aber gegen eine strafgesetzliche Vorschrift verstößt. Alle anderen Weisungen, auch wenn sie gesetzwidrig sind, sind zu befolgen! Kein Politiker sollte sich aber grundlos auf ein derartiges Kräftemessen mit Beamten einlassen, stehen doch beide unter dem Verfassungs- und Gesetzesgebot.

Demokratie gegen Bürokratie auszuspielen wäre daher *falsch*, im Gegenteil, *das Berufsbeamtentum steht im Dienste der Demokratie und ihres Rechtsstaates*. Leider wird diese im Dienste des demokratischen Rechts- und Verfassungsstaates stehende Beziehung von Politikern und Beamten dadurch gestört, daß einerseits immer mehr sogenannte politische Beamte in Stabstellen der Regierung eingeschleust werden und andererseits die Zahl der öffentlichen Bediensteten in politischen Funktionen zunimmt. Man sollte vielmehr den Beamten in seiner gesetzestreuen Vollziehung nicht parteipolitisch motivieren und die Politikerfunktionen allen Berufsständen im Rahmen des Möglichen offen lassen, in welchem der Berufsstand der Berufsbeamten einer unter vielen ist.

277 Dazu Herbert Schambeck, Der Beamte und die Gesellschaft, in: Günther Engelmayer (Hrsg.), Die Diener des Staates, Wien 1977, S. 117ff., insb. S. 124ff.; Derselbe, Der Beamte und das Bundes-Verfassungsgesetz, in: Festschrift für Ernst C. Hellbling, S. 308ff. sowie Derselbe, Öffentliche Dienstleistungen garantieren Lebensqualität, in: Recht – Glaube – Staat, Festgabe für Herbert Schambeck, hrsg. v. Hans Walther Kaluza u. a., Wien 1994, S. 109ff.

278 Herbert Schambeck, Der Beamte – Seine Aufgaben und sein Schutz im modernen Staat, in: Im Dienste von Freiheit und Recht, Gedenkschrift für Hans Weiler, hrsg. v. Hans R. Klecatsky, Friedrich Kohl, Berlin 1976, S. 125ff.; zum Begriff siehe etwa Antoniolli – Koja, Allgemeines Verwaltungsrecht, S. 326ff.

Beide Organe des Staates, der Politiker wie der Beamte, sind heute im Leben des Staates mit einer Kraft konfrontiert, die öfters als vierte Gewalt bezeichnet wird, nämlich mit den *Massenmedien.*[279] Sie vermitteln in der Demokratie jene Information, welche zur Meinungs-, Willens- und Urteilsbildung im Staat erforderlich ist. Die in diesem Bereich Tätigen brauchen wie die Politiker keinen konkreten beruflichen Befähigungsnachweis in Prüfungsform. Sie sind in ihrer Stellung begründet in einem Vertrauensverhältnis, was entsprechende Gewissenhaftigkeit verlangt.

Die unabhängige Presse, der Rundfunk und das Fernsehen[280] spielen hier eine ihnen sehr bewußte, entscheidende Rolle, die Personen und Probleme auf- und abwerten lassen.[281] Ihr *Verbalismus* verlangt aber, um mit Otto B. Roegele zu sprechen, eine *Anatomie der Schlagworte*[282] und ihre *Öffentlichkeitsarbeit* spielt sich *zwischen Informations- und Wissensbedürfnis einerseits* sowie *Neugier und Laster*[283] *andererseits* ab.

Bei aller Kritik, die bisweilen an den Massenmedien geübt wird, darf aber nie übersehen werden, daß *die Freiheit der Massenmedien* auch *eine wesentliche Voraussetzung für die Freiheit im Staat* überhaupt ist. Die Massenmedien sind heute geradezu zum ständigen Vermittler zwischen Staat und dem Einzelnen geworden und viele Ansprachen von Politikern, sei es der Regierung und des Parlaments, werden im Hinblick auf die Massenmedien für die breite Öffentlichkeit gehalten; dadurch ist für derartige Politikeransprachen der Ausdruck „beim Fenster hinausreden" aufgekommen. In dieser Weise ist auch *das Dialoghafte im Leben der Demokratie erkennbar.*

Neben den Massenmedien drückt sich in Österreich die öffentliche Meinung in den *Einrichtungen der direkten Demokratie*[284] aus. Während die Massenmedien in dem Grundrecht Pressefreiheit (Art. 13 StGG)[285] fundiert sind, ist in Österreich

[279] Hubert Feichtlbauer, Parlamentarismus und öffentliche Meinung in Österreich, in: Österreichs Parlamentarismus, Werden und System, S. 853 ff. sowie Peter Jann, Parlament und Massenmedien, in: Österreichs Parlamentarismus, Werden und System, S. 807 ff.

[280] Dazu näher Herbert Schambeck, Staat, Öffentlichkeit und öffentliche Meinung, S. 23 ff.

[281] Siehe dazu Herbert Schambeck, Staat, Öffentlichkeit und öffentliche Meinung, S. 35.

[282] Beachte bei Otto B. Roegele (Hrsg.), Kleine Anatomie politischer Schlagworte, 2. Auflage, Zürich 1976.

[283] Siehe dazu Otto B. Roegele, Neugier als Laster und Tugend, Zürich 1982.

[284] Herbert Schambeck, Die Demokratie, S. 234 ff.; Derselbe, Repräsentative und plebiszitäre Komponenten im demokratischen Verfassungsstaat Österreich, S. 209 ff.; Siegbert Morscher, Parlament und direkte Demokratie, in: Österreichs Parlamentarismus, Werden und System, S. 775 ff.; Derselbe, Landesgesetzgebung und direkte Demokratie, in: Föderalismus und Parlamentarismus in Österreich, S. 137 ff.; Adamovich-Funk, Österreichisches Verfassungsrecht, S. 115; Walter-Mayer, Grundriß des österreichischen Bundesverfassungsrechts, S. 43 und 48; zur historischen Entwicklung siehe etwa Reinhard Rack, Die rechtliche Entwicklung von Volksbegehren und Volksabstimmung in Österreich, Österreichisches Verwaltungsarchiv, Nr. 6/1969, S. 149 ff.

[285] Staatsgrundgesetz über die allgemeinen Rechte der Staatsbürger, RGBl. Nr. 142/1867; siehe etwa Felix Ermacora, Grundriß der Menschenrechte in Österreich, Wien 1988, S. 197 ff.; Walter Berka,

die direkte Demokratie in den Verfassungseinrichtungen des Volksbegehrens[286] nach Art. 41 B-VG, der Volksabstimmung[287] nach Art. 44 Abs. 3 B-VG und der Volksbefragung[288] nach Art. 49b B-VG verankert. Wie bereits erwähnt, handelt es sich bei diesen plebiszitären Verfassungseinrichtungen um Verfassungsbestimmungen, die in das B-VG 1920 ebenso aufgenommen wurden, wie sie ähnlich in der Weimarer Verfassung enthalten waren[289], es aber im Grundgesetz nicht mehr sind, wo die direkte Demokratie in Art. 29 Abs. 4 Bonner Grundgesetz in Form des Volksbegehrens und der Volksbefragung für den Fall der Neugliederung des Bundesgebietes vorgesehen ist.

Hiezu ist bemerkenswert, daß es in Österreich erst Mitte der sechziger Jahre, als die Zeit der großen Regierungskoalition zu Ende ging, zur Nutzung der direkten Demokratie kam.[290] Von den 16 Volksbegehren, die seit 1964 durchgeführt wurden, wurden nur die ersten drei Volksbegehren durch folgenden Gesetzesbeschluß erfolgreich, das war die Zeit der ÖVP-Mehrheit im Nationalrat: nämlich die Volksbegehren zur Rundfunkreform[291], zur 40-Stunden-Arbeitswoche[292] und

Das Recht der Massenmedien, Studien zu Politik und Verwaltung, Band 27, Wien 1989, insb. S. 68 ff.; Derselbe, Medienfreiheit und Persönlichkeitsschutz. Die Freiheit der Medien und ihre Verantwortung im System der Grundrechte, Wien – New York 1982 sowie Theodor Tomandl, Pressefreiheit und Mitbestimmung, in: Arbeitsleben und Rechtsordnung, Festschrift für Gerhard Schnorr, hrsg. v. Oswin Martinek, Gustav Wachter, Wien 1988, S. 341 ff.

286 Siehe dazu Herbert Schambeck, Das Volksbegehren.

287 Diese beiden Einrichtungen der direkten Demokratie sind auch auf landesverfassungsgesetzlicher Ebene verankert.

Volksbegehren: Art. 30 Burgenländisches Landes-Verfassungsgesetz, Art. 30 Abs. 2 und 3 Kärntner Landes-Verfassungsgesetz, Art. 26 Niederösterreichische Landesverfassung, Art. 59 Oberösterreichisches Landes-Verfassungsgesetz, Art. 21 Abs. 2 Salzburger Landes-Verfassungsgesetz, §§ 38, 39 Steiermärkisches Landes-Verfassungsgesetz, Art. 37 Tiroler Landesordnung, Art. 33 Vorarlberger Landesverfassung, § 131b Wiener Stadtverfassung.

Volksabstimmung: Art. 33 Burgenländisches Landes-Verfassungsgesetz, Art. 32 Kärntner Landes-Verfassungsgesetz, Art. 27, 28 Niederösterreichische Landesverfassung, Art. 60 Oberösterreichisches Landes-Verfassungsgesetz, Art. 23, 24, 25 Salzburger Landes-Verfassungsgesetz, §§ 41, 42 Steiermärkisches Landes-Verfassungsgesetz, Art. 39 Tiroler Landesordnung, Art. 35 Vorarlberger Landesverfassung, § 131c Wiener Stadtverfassung.

Siehe dazu näher Friedrich Koja, Das Verfassungsrecht der österreichischen Bundesländer, 2. Auflage, Wien – New York 1988, S. 172 f. und 198 ff.

288 Die verfassungsgesetzliche Verankerung der Volksbefragung auf Länderebene findet sich in folgenden Bestimmungen: Art. 67 Burgenländisches Landes-Verfassungsgesetz; Art. 37 Kärntner Landes-Verfassungsgesetz; Art. 63 Oberösterreichisches Landes-Verfassungsgesetz; Art. 7, 28 Abs. 5 Salzburger Landes-Verfassungsgesetz; § 44 Steiermärkisches Landes-Verfassungsgesetz; Art. 60 Tiroler Landesordnung sowie Art. 56 Vorarlberger Landesverfassung.

289 Art. 73 Abs. 1 und 2, Art. 74 Abs. 3, Art. 75 sowie Art. 76 Abs. 1 und 2 Weimarer Reichsverfassung, RGBl. Nr. 152/1919; siehe dazu auch Willibalt Apelt, Geschichte der Weimarer Verfassung, S. 249 ff.

290 Herbert Schambeck, Die Demokratie, S. 237, insb. FN 296; Derselbe, Das Volksbegehren, S. 8.

291 Bundesgesetz vom 8. 7. 1966, BGBl. Nr. 195.

292 Bundesgesetz vom 11. 12. 1969, BGBl. Nr. 461.

gegen das 9. Mittelschuljahr[293]; seit die SPÖ im Nationalrat über die Mehrheit verfügt, nämlich seit 1970, wurden alle Volksbegehren negiert; so blieben erfolglos die Volksbegehren gegen die Fristenlösung für den Schutz ungeborenen Lebens, für und gegen das Atomkraftwerk Zwentendorf, gegen das UNO-Konferenzzentrum, für den Grundrechtsschutz der Umwelt, auf Verlängerung der Zivildienstdauer, gegen den Ankauf von Abfangjägern, betreffend der Einführung von Bestimmungen in das Luftfahrtgesetz, das Anti-Privilegien-Volksbegehren, das Volksbegehren zur Senkung der Klassenschülerzahl, zur Sicherung der Rundfunkfreiheit, für eine Volksabstimmung über den Beitritt Österreichs zum EWR und das Anti-Ausländer-Volksbegehren.

Neben diesen 16 Volksbegehren gab es in der Geschichte Österreichs zwei Volksabstimmungen, nämlich zunächst 1978 über die Inbetriebnahme von Zwentendorf[294]; diese verwendete der damalige Bundeskanzler Dr. Bruno Kreisky auch gleichzeitig als eine Vertrauensabstimmung über seine Person, verlor aber diese Abstimmung und blieb trotzdem bis zum Verlust der absoluten Mehrheit durch die SPÖ 1983 im Amt. In jüngster Zeit, nämlich 1994, kam es zu einer Volksabstimmung über den Beitritt Österreichs zur Europäischen Union, bei der sich die Mehrheit der Österreicher für diesen Beitritt aussprachen.[295]

Einrichtungen der direkten Demokratie, die in Österreich auf einzelner Landes- und Gemeindeebene[296] stärker ausgebaut sind als auf Bundesebene und auf diesen Ebenen die Volksbefragung sowie die Bürgerinitiative miteinschließen, dienen in einer parlamentarischen Demokratie, wie Österreich, der demokratiesystem- und verfassungsgerechten Ergänzung der parlamentarischen Staatswillensbildung.[297]

[293] Bundesgesetz vom 10. 7. 1969, BGBl. Nr. 289.

[294] Gegenstand des Referendums war das „Bundesgesetz vom 7. 7. 1978 über die friedliche Nutzung der Kernenergie in Österreich“; Anordnung der Volksabstimmung durch Entschließung des Bundespräsidenten: BGBl. Nr. 493/1978; Kundmachung des Ergebnisses der Volksabstimmung: BGBl. Nr. 628/1978; vgl. dazu Manfred Nowak, Politische Grundrechte, Forschungen aus Staat und Recht 78/79, Wien-New York 1988, S. 484f.

[295] Diese Volksabstimmung wurde durchgeführt über das „Bundesverfassungsgesetz über den Beitritt Österreichs zur Europäischen Union“; Anordnung der Entschließung durch den Bundespräsidenten: BGBl. Nr. 363/1994; Kundmachung des Ergebnisses der Volksabstimmung: BGBl. Nr. 735/1994; Kundmachung des Bundesverfassungsgesetzes über den Beitritt Österreichs zur Europäischen Union: BGBl. Nr. 744/1994.

[296] Siehe etwa Siegbert Morscher, Landesgesetzgebung und direkte Demokratie, S. 137ff. sowie Peter Pernthaler, Direkte Demokratie in den Ländern und Gemeinden, Schriftenreihe des Instituts für Föderalismusforschung, Band 15, Wien 1980.

[297] Siehe dazu Hans Kelsen, Das Problem des Parlamentarismus, Soziologie und Sozialphilosophie. Schriften der Soziologischen Gesellschaft Wien, Heft III, Wien und Leipzig 1925; Neudruck in: Die Wiener Rechtstheoretische Schule, Band 2, S. 1666ff.; Herbert Schambeck, Das Volksbegehren, S. 5ff. sowie Derselbe, Die Demokratie, S. 239.

Hans Kelsen hat *die plebiszitär demokratische Möglichkeit* schon 1927[298] als *Ergänzung des freien Mandats der Abgeordneten* bezeichnet. Nur dort, wo die Einrichtungen der direkten Demokratie die parlamentarische Staatswillensbildung nicht ergänzen, sondern ersetzen wollen, sind sie abzulehnen. Aus diesem Grund habe ich 1985 in meiner Festrede im Rahmen des Staatsakts zu 40 Jahre 2. Republik Österreich[299] vor dieser *Gefahr der Jakobinisierung des Staates und seiner Demokratie* ausdrücklich gewarnt.[300] Dort aber, wo die direkte Demokratie als Möglichkeit der Meinungsäußerung während einer Legislaturperiode des Nationalrates und einer Funktionsperiode der Regierung genützt wird, kann sie für bestimmte Kreise der Bevölkerung ein Ventil und für die Regierung sowie das Parlament eine Entscheidungshilfe sein, die auch Unruhen auf der Straße verhindert.

Der Gebrauch der plebiszitären Verfassungseinrichtungen ist mit ein Ausdruck der öffentlichen Meinung[301] und zeigt die Lebendigkeit der Demokratie. Hier besteht ein Unterschied zur Bundesrepublik Deutschland, in welcher der Weg der Demokratie laut Grundgesetz unter der Erfahrung der Zwischenkriegszeit ausschließlich zu den politischen Parteien führte, während dies in Österreich zwar praktisch auch der Fall ist, verfassungsrechtlich aber noch die Möglichkeiten der direkten Demokratie offen läßt.

IX. Verantwortlichkeit für den Staat

Diese aufgedeckten neuen Formen der Machtverteilung im Verfassungsstaat, die auch in der Republik Österreich neben der formell-organisatorischen Form der klassischen Gewaltenteilung erlebbar sind[302], zeigen die Lebendigkeit des öffentlichen Lebens in der Demokratie, die auch in der Verfassungswirklichkeit eigene Strukturen hervorbringen, welche das Regierungssystem mitbestimmen. Wenngleich die Ursachen dieser Faktoren des staatlichen und öffentlichen Lebens

298 Hans Kelsen, Das Problem des Parlamentarismus, in: Die Wiener Rechtstheoretische Schule, Band 2, S. 1667f.: „Wenn schon die Wählerschaft ihren Vertrauensmännern im Parlament keine bindenden Instruktionen geben darf, dann muß doch zumindest die Möglichkeit bestehen, daß aus dem Schoße des Volkes Anregungen laut werden, nach denen das Parlament die Richtung seiner gesetzgebenden Tätigkeit bestimmen kann."

299 Herbert Schambeck, Vierzig Jahre Zweite Republik Österreich, Festrede, gehalten in der Festsitzung des Nationalrates und des Bundesrates am 27. April 1985 im Reichsratssitzungssaal des Parlaments in Wien aus Anlaß des 40. Jahrestages der Gründung der Zweiten Republik, veröffentlicht in: 40. Jahrestag der Gründung der Zweiten Republik, Wien 1985, S. 6ff. sowie in: Recht – Glaube – Staat, Festgabe für Herbert Schambeck, S. 71ff.

300 Siehe dazu auch Herbert Schambeck, Staat, Öffentlichkeit und öffentliche Meinung, S. 31.

301 Herbert Schambeck, Die Demokratie, S. 238f. sowie allgemein dazu Derselbe, Staat, Öffentlichkeit und öffentliche Meinung, S. 23ff.

302 Siehe Walter Antoniolli, Allgemeines Verwaltungsrecht, S. 15ff.

sowie ihre Zielsetzungen verschieden sind, zeigt sich doch deutlich ihr *wechselseitiges Angewiesensein und* das *Erfordernis des jeweiligen Zusammenwirkens:* im Bereich der Staatsleitung auf Grund des Verfassungsrechts: von Bundespräsident und Regierung sowie parlamentarischer Körperschaften des Bundes und der Länder; im Bereich des öffentlichen Lebens: von öffentlichem Dienst, Parteien, Interessenverbänden und Massenmedien sowie letztlich von parlamentarischer und außerparlamentarischer Willensbildung; sie alle müssen aufeinander verständnisvoll Bezug nehmen, damit der Staat in Kontinuität bestehen kann, Ordnung herrscht und nicht Willkür Platz greift. Sie würde die Freiheit des Einzelnen gefährden.

Dies in einer Zeit mannigfacher Grenzsituationen und Alternativszenerien zu bedenken, ist sicher nicht unaktuell, sondern erforderlich, um die Bedeutung der politischen Verantwortung[303] im allgemeinen und der Regierungsverantwortung im besonderen zu erkennen. Diese Verantwortlichkeit wird aber nur dann einen dauerhaften Beitrag zur Herstellung und Aufrechterhaltung der Ordnung im Staat zu leisten imstande sein, wenn *die rechtsnormative Seite dieser Verantwortung der Staatsleitung,* von der ich bisher aus der Sicht des Staatsrechtslehrers gesprochen habe, *von einer politischen Ethik ergänzt wird,* die ihren Grund in der *Gewissenhaftigkeit des Einzelnen* findet. Es besteht dann nämlich die Chance, den *Zustand politischer Kultur* zu erreichen, den auch Klaus Stern[304] zu Recht für die Entwicklung der demokratischen Einrichtungen als notwendig erachtet. Dies verlangt eine *Staatsleitung,* deren Regierungssystem imstande ist, *nicht allein* zu *normieren, sondern auch* zu *motivieren,* was dann besonders erreicht ist, wenn die im Verfassungsrecht eröffneten Rechtswege auf Staatsziele hinführen, von deren Erfordernis die Leitung und die Einwohner eines Staates in gleicher Weise überzeugt sind.

So enden schließlich die Ausführungen über ein institutionalisiertes Regierungssystem – und das gilt nicht allein für Österreich und die Bundesrepublik Deutschland, sondern für jeden Staat – folgerichtig in der Erkenntnis der *Notwendigkeit einer* sie ergänzenden *praktizierten Rechtserziehung*[305]; sie sollte jenen Satz

[303] Näher dazu Herbert Schambeck, Die Verantwortung in der modernen Demokratie, in: Alois Mock, Herbert Schambeck (Hrsg.), Verantwortung in Staat und Gesellschaft, Wien 1977, S. 37ff. sowie Alois Mock, Politische Verantwortung im modernen Wohlfahrtsstaat, in: Verantwortung in Staat und Gesellschaft, S. 13ff. und Peter Saladin, Verantwortung als Staatsprinzip, Bern und Stuttgart 1984.

[304] Klaus Stern, Das Staatsrecht der Bundesrepublik Deutschland, Band 2, S. 595.

[305] Hans Kelsen, Politische Weltanschauung und Erziehung, Annalen für soziale Politik und Gesetzgebung, Band 2, 1913, S. 1ff., Neudruck in: Die Wiener Rechtstheoretische Schule, Band 2, S. 1501ff.; Theo Mayer-Maly, Rechtskenntnis und Gesetzesflut, Salzburg 1969; Herbert Schambeck, Politische Ordnung und staatsbürgerliche Erziehung, in: Politische Bildung, Band 1 der „Beiträge zur Lehrerfortbildung", Wien 1970, S. 32ff. und Derselbe, Das Recht und seine Verantwortung in unserer Zeit, in: Symposium „IUS 2000". Österreichs Rechtstheorie und Rechtspraxis um die Jahrtausendwende, hrsg. v. Walter Barfuß, Wien 1994, S. 90ff.

beachten und mit diesem lassen Sie mich schließen, der in einer Stadt geschrieben steht, die für die Geschichte Deutschlands und Österreichs von gleicher Bedeutung war und ist, nämlich in Aachen, wo rechts im Eingang zur alten Monheim-Adlerapotheke schlicht der Satz zu lesen ist:

„Wissen besitzen ist gut,
Gewissen besitzen ist besser.“

Ich möchte hinzufügen, beides ist erforderlich, damit ein Regierungssystem funktioniert.

Diskussion

Herr Meissner: In dem Staatsvertrag, den Sie, Herr Professor Dr. Schambeck, erwähnt haben, ist ja die Neutralität Österreichs festgelegt worden, auch das Anschlußverbot. Es ist eine wehrhafte, also bewaffnete Neutralität. Sie haben ja schon auf bestimmte Unterschiede in der Befehls- und Kommandogewalt der Streitkräfte hingewiesen. Mich würde interessieren, ob eine bestimmte Regelung für den Verteidungsfall vorliegt, wie das bei uns in der Verfassung der Fall ist.

Herr Schambeck: Sehr verehrter Herr Kollege, zunächst darf ich mit den anwesenden österreichischen Kollegen feststellen, daß die österreichische dauernde Neutralität nicht im Staatsvertrag verankert ist. Das wird vielfach angenommen. Die damalige Bundesregierung – mit Herrn Bundeskanzler Ing. Julius Raab, Herrn Vizekanzler Dr. Adolf Schärf, Herrn Bundesminister für Auswärtige Angelegenheiten Dipl.-Ing. Leopold Figl und dem damaligen Staatssekretär, Herrn Dr. Bruno Kreisky – hat ausdrücklich Wert darauf gelegt, daß die österreichische Neutralität in einem eigenen Bundesverfassungsgesetz verankert wird, und zwar nicht in zeitlichem Zusammenhang mit der Unterzeichnung des Staatsvertrages. Der Staatsvertrag ist am 15. Mai 1955 unterzeichnet worden, und die dauernde Neutralität wurde nach dem Abzug des letzten Besatzungssoldaten erst am 26. Oktober 1955 erklärt, und zwar aus freien Stücken, weil wir niemals den Anschein erwecken wollten nach anderen Beispielen, die Sie kennen, daß wir neutralisiert worden wären.

Die österreichische Neutralität ist eine Neutralität, die sich erstens dadurch, daß sie verfassungsrechtlich verankert ist, von der Schweizer Neutralität unterscheidet, und zweitens auch dadurch gekennzeichnet ist, daß die österreichische Neutralität primär eine militärische und dauernde Neutralität ist, d. h. eine Neutralität, die schon in Friedenszeiten für den Konfliktfall entsprechende Konsequenzen mit sich bringt, damit nach dem Grundsatz *pacta sunt servanda* nicht in Friedenszeiten Vereinbarungen eingegangen werden, die man als Verpflichtung dann in Kriegszeiten nicht erfüllen kann.

Die für einen neutralen Staat notwendige Landesverteidigung ist im Verfassungsrecht verankert. Als dauernd neutraler Staat haben wir uns in Österreich immer zur freien pluralistischen westlichen Demokratie zugehörig gefühlt und erklärt.

In Artikel 8 des Staatsvertrages von Wien-Belvedere wird eigens mit Unterschrift der vier Großmächte, also auch der UdSSR, festgelegt, daß Österreich eine westliche Demokratie mit einem freien Wahlrecht haben soll. Da hat die Sowjetunion das erste Mal in einem solchen Dokument hohen Ranges mit unterschrieben, daß ein Staat ein Mehr-Parteien-System und keine Volksdemokratie haben soll. Darauf hat mein Lehrer Professor Dr. Adolf Merkl als erster hingewiesen. In bezug auf die Wehrfähigkeit Österreichs möchte ich auf den Artikel 9a Bundes-Verfassungsgesetz verweisen; in ihm haben wir den Begriff der umfassenden Landesverteidigung neu in das österreichische Verfassungsrecht aufgenommen.

Herr Stern: Herr Professor Dr. Schambeck, in Ihren für uns hochinteressanten Ausführungen hat die Rechtsvergleichung in zwei Punkten im Vordergrund gestanden, die für uns Deutsche in der Bundesrepublik Deutschland von besonderem Interesse sind. Das ist der Einschub plebiszitärer Komponenten, die die österreichische Verfassung im Anschluß an die Weimarer Reichsverfassung kennt, einmal durch Volksbegehren und Volksentscheid und vor allen Dingen zum zweiten durch die Volkswahl des Bundespräsidenten.

In diesem Punkt sind wir ja beim Grundgesetz anders vorgegangen. Wir haben mit der Tradition der Weimarer Reichsverfassung gebrochen. Auch in der Enquete-Kommission Verfassungsreform, die in den Jahren 1972 bis 1976 über die Dinge nochmals nachgedacht hat, war es die übereinstimmende Meinung aller großen im Bundestag vertretenen Parteien, der Länder und der Sachverständigen, hier keine Änderungen vorzunehmen. Aus Ihren Ausführungen habe ich mitbekommen, daß Sie es positiv bewerten, daß diese plebiszitären Einschübe vorhanden sind, wenngleich Sie deutlich machten, daß sie als Ergänzung zur parlamentarischen Demokratie verstanden werden müssen.

Wenn wir auf die letzte Wahl zum Bundespräsidenten zurückkommen, so haben Sie mit Genuß Apercus zwischen Ihre wissenschaftlichen Äußerungen gestreut, die gerade diesen Vorgang besonders hervorgekehrt haben. Kann es nicht, wenn der Bundespräsident von einer anderen politischen Couleur bestimmt ist als die Mehrheit im Nationalrat und damit als die Bundesregierung, zu spezifischen Problemen, zu Spannungsverhältnissen kommen, die bei der Art der Wahl, die wir hier haben, vermieden werden? Das ist die Frage, die die Franzosen jetzt mit dem Stichwort Kohabitation gekennzeichnet haben. Kann also hier etwa eine Art österreichischer Kohabitation sein, die natürlich bei Ihren Verfassungsrechtsverhältnissen etwas anders verläuft?

Sie sagten, der Bundespräsident habe eine Reihe von Kompetenzen, die deutlich über die des deutschen Bundespräsidenten hinausgehen, etwa bei der Regierungsbildung, etwa bei der Auflösung des Nationalrats. Ich füge damit auch die Frage an, die sich aus Ihrem Artikel 29 Abs. 2 ergibt – Auflösung des Nationalrats durch einfaches Gesetz –, auch wieder eine deutliche Abweichung zu unserem Grundgesetz, wo wir große Schwierigkeiten haben, zu einer Auflösung des Bundestages zu kommen. Das war 1982/83 evident. Hier knüpft sich die Frage an: Wenn durch einfaches Gesetz, also durch einfache Mehrheit aufgelöst werden kann, dann besteht doch die Gefahr, daß eine Partei, die gerade Mehrheitspartei ist, dies ausnutzt und zu einem für sie günstigen Zeitpunkt Neuwahlen haben will. Wie wirkt sich in diesem Punkt die verfassungsrechtliche Situation, wie wirken sich gewissermaßen die ungeschriebenen Gebräuche einer Art von Konkordanzdemokratie zwischen den großen Lagern, die Sie ja nun in langer großer Koalition ausgebildet haben, aus?

Das führt auch zu einer weiteren Frage, die Sie am Schluß mit politischer Kultur, mit politischer Ethik angesprochen haben. Mit anderen Worten: Haben Sie hier schon gewisse Gebräuche, Gepflogenheiten herausgebildet, von denen man sagen kann, sie wären etwa ungeschriebenes Verfassungsrecht, das für die beiden Staatsorgane – Bundespräsident auf der einen Seite und Bundesregierung/Nationalrat auf der anderen Seite – von Bedeutung ist?

Herr Schambeck: Zum ersten Punkt, den Herr Professor Dr. Klaus Stern angeschnitten hat, der Volkswahl des Bundespräsidenten, gibt es natürlich bei der Heftigkeit eines Bundespräsidentenwahlkampfes, in dem ich selbst wochenlang Tag und Nacht im Einsatz war, Momente, bei denen man sich sagt: Gott, wie schön wäre es, wenn das Bonner Modell bei uns zur Anwendung käme. Das ist keine Frage. Aber die Rechte, die durch die Bundes-Verfassungsgesetznovelle 1929 der Bundespräsident in Österreich bekommen hat, verlangen zu ihrer Legitimation die Volkswahl! Auch wenn diese Kompetenzen nicht genutzt werden, allein durch die Tatsache, daß sie vorhanden sind, üben sie eine bestimmte motivierende Kraft aus. Zum Beispiel ist in Österreich durch Mißtrauensvotierung noch nie eine Regierung abgetreten, aber die Tatsache, daß die Mißtrauensvotierung möglich ist, hat die Mehrheitspartei designiert, den Regierungschef zu stellen. Neben den verfassungsrechtlichen Kompetenzen kommt es darauf an, daß ein Staatsoberhaupt, wie der Bundespräsident, auch eine moralische Autorität ist. Z.B. ist Bundespräsident Dr. Rudolf Kirchschläger, der keiner politischen Partei angehörte, bei uns in den letzten Jahren eine solche politische und ethisch-moralische Autorität geworden, so daß man, wenn er dies gewollt hätte, ohne weiteres für ihn eigens die Verfassung geändert hätte, damit er eine dritte Periode hätte antreten können, was er abgelehnt hat. Er hatte übrigens seine letzte Volkswahl mit einem enormen Ergebnis gewonnen, wie es auch die Sozialistische Partei Österreichs mit ihrer absoluten Mehrheit nie erreicht hat.

Daher denkt man bei uns auch nicht daran, die Volkswahl des Bundespräsidenten abzuschaffen. Sie ist neben der Volkswahl der allgemeinen Vertretungskörper die zweite Säule der österreichischen Demokratie. Es ist aber hochinteressant, daß sie 1929 eingeführt wurde und erst 1951 zum Tragen gekommen ist. Ich weiß auch, daß Bundespräsident Dr. Karl Renner, von dem mein Lehrer Professor Dr. Adolf Merkl sagte, er wäre auch ein bedeutender Professor des Staatsrechts geworden, damit gerechnet hat, daß nach seinem Ableben auch keine Volkswahl stattfindet, sondern daß in dieser Zeit wieder in einer aus National- und Bundesrat zusammengesetzten Bundesversammlung die Persönlichkeit für das höchste Amt im Staat gewählt wird. Ich bitte aber auch zu bedenken, daß Österreich damals vierfach besetzt war und jeder Wahlkampf eine politische Belastung darstellte.

Die Volkswahl heute dient sicherlich zur demokratischen Autoritätsstärkung, und ich bitte Sie zu beachten, Herr Professor Dr. Stern, daß auch in Deutschland meiner Schätzung nach, obwohl der Bundespräsident nicht vom Volk direkt, sondern von einer besonderen Vertretung, mit der er parteipolitisch nicht ident ist, er ohne weiteres einer parteipolitisch kontroversiellen Regierung gegenüberstehen kann.

Bei uns ist es so, daß es auch auf die einzelnen Politikerpersönlichkeiten ankommt, die über die Partei- und Fraktionsgrenzen in auch informellen Kontakten untereinander stehen und darauf hat ja Herr Professor Dr. Stern, der ein großer Freund und Kenner Österreichs ist, abgezielt: Bei uns gibt es neben dem geschriebenen Verfassungsrecht natürlich bestimmte Usancen im politischen Umgang, also Faktisches, um Normatives zu erreichen. Hier besteht bei uns über Parteigrenzen hinweg eine gute Gesprächssituation; sie hat z. B. auch in Kontakten verschiedener Art 1984 zu einer Bundes-Verfassungsgesetznovelle geführt, die für unseren Föderalismus wichtig ist. Sie brachte u. a. dem Bundesrat das Zustimmungsrecht bei Verfassungsbestimmungen, durch welche die Zuständigkeit der Länder in Gesetzgebung und Vollziehung eingeschränkt wird. Zu dem Zustandekommen dieser wichtigen Bundes-Verfassungsgesetznovelle waren auch viele Gespräche der Landeshauptleute im nichtinstitutionellen Rahmen mit ausschlaggebend. Hier haben sich bei uns schon entsprechende Ansätze eines bestimmten, ich würde sagen, politischen Behaviours entwickelt, wobei nicht jedes Behaviour die Qualifikation der Kultur erreichen kann, aber es sind Ansätze dazu.

Nationalratswahlen – ob nach einer Legislaturperiode oder vorzeitig – haben bei uns in den letzten Jahren – und wir können jetzt auf mehr als vierzig Jahre der sogenannten Zweiten Republik zurückschauen – eigentlich nie zu großen Konflikten geführt. Wenn eine politische Partei die Absicht hat, vorzeitig Nationalratswahlen stattfinden zu lassen, dann wird das entsprechende Einvernehmen hergestellt.

Für die Landesebene kann man das gleiche versichern, weil jeder vernünftige Politiker weiß, wie schwierig es ist, all das, was man vor der Wahl vorschlägt, nach der Wahl wieder einzubringen, und das, was man vorher verspricht, nach der

Wahl zu halten. Das verlangt ein Maß an politischer Kultur; über deren Erfordernis weiß ich mich auch mit meinem Kollegen Professor Dr. Klaus Stern eins. In diesem Zusammenhang erlaube ich mir, auf mein Buch „Ethik und Staat" zu verweisen. Ein bestimmtes Maß an politischer Kultur ist in jeder Politik und in jedem Staat erforderlich. Ich glaube, wir sollten es auch mehr als bisher lernen, daß es nicht allein darauf ankommt, wie es der eine meint, sondern auch darauf, wie es der andere aufnimmt, und daß die Effektivität des Staates darunter leidet, wenn die Motivationskraft dadurch verlorengeht, daß man oft zuwenig Toleranz im Sachlichen hat, weil man zuviel Ideologie getrennt vertritt. Wir sollten uns außerdem bemühen, in der Gesetzessprache deutlicher zu sein, wenn auch heute wohl nicht die Klarheit der Sprache des ABGB erreicht wird, weil die Staatsaufgaben auch komplizierter wurden; außerdem auch nicht Verfassungsbestimmungen auf Zeit beschließen und so keine Provisorien in das Staatsrecht aufnehmen; sie sind für den Inhalt der Grundordnung des Staates ungeeignet. Es bedarf auch einer bestimmten Kultur in der Gesetzgebung!

Ich möchte hier nur mit einem Satz auf die ganze Problematik der Selbstbindungsgesetze oder der Maßnahmengesetze hinweisen. Weiters gehört meiner Ansicht nach auch zu einer bestimmten politischen Kultur, daß man sich überlegt, welche Grundrechtswerte man mit welchen Grundrechtsformen zu erfassen versucht, um ein Grundrechtssystem zu erreichen, in dem liberale, demokratische, soziale und existentielle Rechte nicht gegen-, sondern miteinander erreichbar sind, wenn Sie nur an den Umweltschutz denken und an die Freiheit der wirtschaftlichen Tätigkeit sowie an den Schutz des Eigentums. Ich glaube, hier stehen wir vor ganz großen Aufgaben. Wir sollten uns bemühen, die demokratische Republik wirklich als eine Staatsform erlebbar werden zu lassen, in der das Recht von einem Volk ausgeht, das auch seine Normgebundenheit versteht sowie bejaht und nie den Eindruck haben möchte, es wäre das Recht am Volk ausgegangen.

Was weiters die von Herrn Professor Dr. Klaus Stern angeschnittene Frage des 1955 von Österreich mit den vier Großmächten abgeschlossenen Staatsvertrages und des davon getrennt gesehenen Friedensvertrages mit Deutschland betrifft, so hat Österreich in dieser Frage keine Kompetenz. Es war wertvoll, daß die Frage des österreichischen Staatsvertrages von der eines deutschen Friedensvertrages getrennt wurde.

Herr Hillgruber: Ich möchte an das anknüpfen, was Herr Professor Dr. Meissner gesagt hat. Natürlich – und das sagt jeder österreichische Kollege – stand die Neutralitätserklärung Österreichs nicht in direktem Zusammenhang mit dem Staatsvertrag. Aber sachlich liegt der Zusammenhang doch auf der Hand. Ohne die Voraberklärung gegenüber der sowjetischen Seite wäre es nie zum Staatsvertrag gekommen.

Und um an die zweite Frage von Herrn Professor Dr. Stern anzuknüpfen: Diese Verhandlungen standen doch natürlich auch im Zusammenhang mit der Diskussion der deutschen Frage zwischen den vier Siegermächten. Dieser zeitgeschichtliche Kontext ist zwar Gegenstand einer eigenen Thematik, aber es wäre interessant zu erfahren, inwieweit gerade die österreichischen Vertreter, also Raab, Figl usw. und vor allen Dingen Kreisky, den Finger auf diesen Zusammenhang der österreichischen und der deutschen Problematik bei ihren Verhandlungen in Moskau gelegt haben.

Herr Schambeck: Ich danke Herrn Professor Dr. Hillgruber für seine Frage; sie gibt mir Gelegenheit, auch Herrn Kollegen Professor Dr. Stern nochmals zu antworten, dem ich die Antwort auf die letzte Frage zum Friedensvertrag noch schuldig geblieben bin. Aber diese Fragen sind überlappend. Ich möchte daran erinnern, daß bei der Berliner Außenministerkonferenz 1954, bei der Österreich durch den Bundesminister für Auswärtige Angelegenheiten, Herrn Dipl.-Ing. Dr. Figl vertreten war, der sowjetische Außenminister Molotow eine Erklärung abgegeben hat, in welcher er den Zusammenhang der deutschen mit der österreichischen Frage verdeutlichte. Außenminister Molotow erklärte nämlich, die Sowjetunion sei – damals 1954 – bereit, einer Unterzeichnung des Staatsvertrages mit Österreich zuzustimmen, wenn die Besatzungstruppen in Österreich so lange bleiben könnten, bis der Friedensvertrag mit Deutschland abgeschlossen ist.

Insofern, Herr Professor Dr. Stern, sehr verehrter Herr Kollege, hat der Friedensvertrag mit Deutschland eine Rolle auch für Österreich gespielt. Und das war mit eine Größe des Leopold Figl: Obwohl die Staatsvertragsunterzeichnung damals vor der Tür stand, hat er gesagt: Nein. Er fuhr nach Wien zurück, war ganz empört – da war noch die Frage der gleichen Beteiligung am Konferenztisch gewesen –, und wurde in Wien mit einem triumphalen Fackelzug empfangen, obwohl damals die sowjetischen Besatzungstruppen da waren.

Dieser Friedensvertrag mit Deutschland wurde von uns nicht abgewartet; sonst hätten wir ja noch lange die sowjetischen Truppen bei uns gehabt. Als Molotow nachher bei der IAEO, der Internationalen Atomenergiebehörde, Botschafter seines Landes war – das war seine letzte Position –, hat er immer wieder gesagt: Mir verdanken Sie den Staatsvertrag nicht, sondern Chrustschow. Dieser hat später zu Beginn 1955 in einer Rede – aber das wissen Sie alle – im Obersten Sowjet in Moskau erklärt, man wäre bereit, Verhandlungen über den österreichischen Staatsvertrag getrennt von der deutschen Frage zu führen. Das ist in der Rede unter „ferner liefen“ vorgekommen. Der seinerzeitige österreichische Botschafter in Moskau Norbert Bischof und die damalige österreichische Bundesregierung haben sofort reagiert, und dann ist es zu Verhandlungen gekommen.

Die Neutralität kommt das erste Mal in dem Moskauer Memorandum vom 15. April 1955 vor, in dem wir aus freien Stücken unsere Bereitschaft dokumentieren, eine Erklärung der dauernden Neutralität, „wie sie von der Schweiz gehandhabt wird", abzugeben, und zwar dann, wenn wir voll souverän sind, d. h. der Staatsvertrag in Kraft getreten ist und die Besatzungstruppen abgezogen sind.

Wir haben also Staatsvertrag und Neutralitätserklärung juristisch klar getrennt und haben immer gesagt: Die Neutralitätspolitik fällt in unsere souveräne politische Entscheidung. Nur in bezug auf die Anwendung des Neutralitätsrechtes gehen wir nach dem Vorbild der Schweiz vor. Und wir haben auch gezeigt, daß wir durchaus eigene Wege zu gehen imstande sind, siehe auch unsere Mitgliedschaft bei der UNO im Unterschied zur Schweiz und vieles andere mehr.

Herr Lehmann: Herr Professor Dr. Schambeck, meine Frage zielt auf eine eigentümliche, verfassungsgeschichtliche Problematik. Sie haben uns in Ihrem eindrucksvollen Vortrag die Verfassungsschöpfung für Deutsch-Österreich im Jahr 1919 als eine politische Entscheidung geschildert, die *grosso modo* vom dezentralisierten Einheitsstaat der Vergangenheit zu einer bundesstaatlichen Ordnung hinüberführte. Nun liegen hier die gewollt engen sachlichen Berührungen und Verbindungslinien zwischen dem schließlich im Herbst 1920 vollendeten Bundes-Verfassungsgesetz für Österreich und der Weimarer Verfassung des Deutschen Reiches vom August 1919 klar auf der Hand. Aus der für Deutschland maßgeblichen verfassungsgeschichtlichen Perspektive stellt sich nun aber die republikanische Verfassung von 1919 freilich gerade umgekehrt als ein Schritt von dem realen, allerdings hegemonial (von Preußen) geführten Bundesstaat (mit monarchischer Spitze) des Bismarck-Reiches hinweg zu einem bloß dezentral organisierten Einheitsstaat dar. Hat man in Österreich die eigentümliche Verschränkung dieser beiden verfassungshistorischen Entwicklungen als ein strukturelles Problem überhaupt näher ins Auge gefaßt? Und hat es nach 1945 bzw. 1955 hier eine wirksame Verfassungsentwicklung gegeben, die über den 1919/20 und in der Novellierung von 1929 festgesetzten Verfassungsrahmen hinaus auf eine Stärkung der föderalen Strukturen abzielte? Sollte dies der Fall gewesen sein, so könnte man sich eine solche Entwicklung natürlich nicht durch Verfassungsrevisionen, sondern nur auf dem Wege pragmatischer Ausweitungen von Länder-Kompetenzen und einer allgemeinen Kräftigung des Staatscharakters der österreichischen Bundesländer vorstellen.

Herr Schambeck: Herr Professor Dr. Lehmann, daß Sie diese Frage gerade an mich richten, ist wirklich eine große Freude für mich, weil mir der Föderalismus in Österreich ein besonderes Anliegen seit vielen Jahren ist. Das ist auch der

Grund, warum ich in die Länderkammer des österreichischen Parlaments gegangen bin.

Die österreichischen Bundesländer haben 1918 und 1945, wobei es 1945 noch viel risikoreicher gewesen ist, weil damals Österreich noch vierfach besetzt war, die wesentliche Voraussetzung geleistet, daß diese Republik 1918 errichtet und nach 1945 wieder entstehen konnte. Es sind die Vertreter aller österreichischen Bundesländer nach Wien gefahren und haben im Sitzungssaal des Landtages von Niederösterreich, meines Heimatlandes, im Jahre 1945 ebenso wie übrigens im Jahre 1918 die staatsbegründenden Beschlüsse für die Republik Österreich gefaßt.

1945 war eine vierfache Besetzung gegeben, und weil die Vertreter aller neun Bundesländer zwischen Neusiedlersee und Bodensee über alle Besatzungszonengrenzen hinweg zusammenkommen konnten und von Haus aus gemeinsame Beschlüsse über alle Zonengrenzen hinweg gefaßt haben, auch gegenüber den vier Hochkommissaren, ist uns – einer der Gründe – die Teilung des Landes erspart geblieben. Ich habe das in meiner Festrede im österreichischen Parlament zum Staatsakt „40 Jahre Zweite Republik" am 27. April 1985 besonders hervorgehoben: Die Bundesländer haben diesen Staat begründet, und sie haben ihn gesichert.

In den Jahren 1918 bis 1920 war es so, daß die Sozialdemokraten unter dem damals führenden sozialistischen Juristen Dr. Robert Danneberg dafür waren, daß der Föderalismus in Österreich nur ein Verfassungsgehäuse nominatim darstellt, dem Wortlaut nach, aber nicht im Inhalt des Bundes-Verfassungsgesetzes. Das zeigt sich auch im Text des österreichischen Bundes-Verfassungsgesetzes in der Bezeichnung der einzelnen Verfassungsorgane. Dem Inhalt des B-VG nach sind wir aber mehr einheitsstaatlich als bundesstaatlich organisiert und aufgebaut. Es steht in Artikel 15 Abs. 1 B-VG zwar im Zusammenhang mit der Verteilung der Staatsfunktionen zwischen Bund und Ländern: Alle übrigen Aufgaben „verbleiben" den Ländern. Bei „verbleiben" kann man das Subsidiaritätsprinzip zelebrieren. Man darf aber nicht übersehen, daß schon vorher in Artikel 10 ff. B-VG alle wichtigen Aufgaben des Staates dem Bund zugeordnet wurden. Weniger in der Gesetzgebung, sondern vielmehr in der Vollziehung, nämlich in der Verwaltung, liegt eine Stärke der Länder; man spricht daher von einem österreichischen Vollzugsföderalismus. Trotz dieser verhältnismäßig schwachen verfassungsrechtlichen Stellung der Bundesländer haben sie sowohl nach dem Ersten wie nach dem Zweiten Weltkrieg Entscheidendes für den Bestand Österreichs und in den letzten Jahrzehnten durch den ebenfalls einstimmigen Beschluß von Forderungsprogrammen der österreichischen Bundesländer zur Weiterentwicklung des österreichischen Föderalismus geleistet. Diese Forderungsprogramme werden in einem Rhythmus von, sagen wir, zehn Jahren erstellt und leider nur teilweise erfüllt.

In der Diskussion um den Föderalismus dient uns in Österreich auch Ihre Entwicklung in Deutschland ebenso wie die der Schweizer Eidgenossenschaft als ein

Vorbild, sodaß wir heute mehr als früher ja zur Bundesstaatlichkeit sagen, auch in den einzelnen politischen Parteien; früher war dies bei der Republikwerdung 1918 und in den folgenden Jahren sowie nach 1945 anders; vor allem die Christlichdemokraten hatten sich damals für den Föderalismus eingesetzt; heute bisweilen in bestimmter Weise auch die anderen Parteien.

Herr Großfeld: Ich habe zwei Fragen. Die erste Frage ist: Wie ist in Österreich das Verhältnis zwischen Fortdauer und Neubeginn? Sie sagten zu Anfang, daß Sie jedesmal einen neuen Staat hatten und der neue Staat den alten nicht weiterführte, während doch gewisse Grundrechtsregeln wohl aus dem 19. Jahrhundert stammen und bestimmte Titel aus einer anderen Tradition fortgeführt werden.

Die zweite Frage: Wie kann man Verfassungsbegriffe und Institute zwischen Deutschland und Österreich miteinander vergleichen? Ist das politische Klima-Umfeld in Wien anders als in Bonn? Mir fällt bei Ihrem Vortrag die Personalisierung aller wichtigen Vorgänge auf. Es fällt mir weiter auf die starke Verflechtung zwischen Wirtschaft, Politik und Gesellschaftsorganisationen. So sind zum Beispiel die Aufsichtsräte von Genossenschaften oft mit Politikern besetzt, was bei uns nicht so ist. Da frage ich mich, ob das politische Umfeld in Wien in manchem doch anders ist, sodaß auch das Verhältnis von Verfassungsrecht und Verfassungswirklichkeit von dem bei uns abweicht. Ich zweifle also, ob man immer gleich Parallelen, Unterschiede oder ähnliches sehen kann.

Herr Schambeck: Auch diese interessante Frage ist eine dankenswerte Ergänzung zu meinem Vortrag, besonders weil sie Themen anschneidet, die hier aus Zeitgründen von mir nicht näher ausgeführt werden konnten, und ich habe nur die Hälfte von dem vorgetragen, was ich mir vorgenommen hatte.

Zunächst zur Fortdauer. Im Jahre 1918 hat sich die Republik Deutsch-Österreich als nicht ident erklärt mit dem Staat, der vorher hieß „die im Reichsrat vertretenen Königreiche und Länder". Sie hat aber – das habe ich ja betont – in der einen Gruppe von Normen, die das Verfassungssystem kennzeichnen, Normen aus dem Verfassungsrecht der Monarchie übernommen, so zum Beispiel die Grundrechte, die Sie ansprachen. Da ist ausdrücklich aus dem Staatsrecht der Monarchie in das Staatsrecht der Republik, weil sich die politischen Parteien nicht auf einen neuen Grundrechtskatalog einigen konnten, das Grundrechtssystem der Monarchie übernommen worden. Das wäre gar nicht notwendig gewesen, wenn Verfassungskontinuität gegeben wäre. Da heißt es ausdrücklich im Artikel 149 B-VG: „Neben diesem Gesetz haben im Sinne des Artikels 44 Abs. 1 unter Berücksichtigung der durch dieses Gesetz bedingten Änderungen als Verfassungsgesetze zu gelten." Und dann wurde unter anderem das Staatsgrundgesetz vom 21. Dezember 1867, RGBl. Nr. 142, über die allgemeinen Rechte der Staatsbürger für die im

Reichsrat vertretenen Königreiche und Länder angeführt. Wenn Kontinuität gegeben wäre, hätte man gesagt: gelten als Verfassungsgesetze weiter. Das steht da aber nicht.

Die Dezember-Verfassung von 1867 hat ja aus fünf Staatsgrundgesetzen bestanden, und nur ein einziges, nämlich das über die allgemeinen Rechte der Staatsbürger, gilt seit 1918 weiter, wobei man die Möglichkeit der Grundrechtssuspension weggelassen hat. Hier ist es bei uns so, daß unser Verfassungssystem 1920 vom Kompromiß in mehrfacher Hinsicht gekennzeichnet war; Kompromiß vor allem zwischen bundesstaatlicher und unitaristischer Einstellung, Kompromiß in ideologischer Hinsicht, aber auch Kompromiß in zeitlicher Hinsicht. Es ist vieles aus der Monarchie übernommen worden und vieles neu dazugekommen, besonders was die Staatsorganisation betrifft. Die Grundrechte hat man aber aus dem Staatsrecht der Monarchie übernommen. Deshalb sage ich immer: Wir sind zu einem Teil konservativ, traditionalistisch von den Grundrechten her, die heute eine große Rolle spielen, weil wir im österreichischen Staatsrecht keine ausdrücklichen Staatszweckbestimmungen und Staatszielsetzungen haben, die über den Rechts- und Machtzweck hinausgehen, so daß noch vieles, wenn Sie so wollen, monarchisch geprägt ist.

Darum tun wir uns sehr schwer bei den sozialen Grundrechten, beim Umweltschutz und beim Schutz des ungeborenen Lebens. Auch die Rechtsstaatlichkeit Österreichs wurde aus der Dezemberverfassung 1867 übernommen und weiterentwickelt. Auf der anderen Seite haben wir eine Staatsorganisation, die demokratisch-republikanisch neu gestaltet ist, was ein gigantisches Spannungsfeld darstellt. Da haben Sie völlig recht.

Dieser völkerrechtliche und staatsrechtliche neue Staat Österreich, der 1918 entstand, hat sehr starke konservative Züge. Dies wird mir bei jedem Besuch in der Hofburg deutlich. Die Vorhänge beim Bundespräsidenten haben heute noch alle die kaiserlichen Wappen. Und wenn wir ein Staatsbankett haben mit gewählten oder gekrönten Staatsrepräsentanten, so essen alle, bitte schön, von kaiserlichen Tellern. Auch wenn Sie unsere Botschaften ansehen, so sind sie mit Ausnahme von Tokio und Brasilia, die in einem modernen Stil sind, zum großen Teil auch in Maria-Theresianischem Stil eingerichtet. Es bleibe auch nicht unerwähnt, daß einer der begehrtesten Titel auch der Republik der des Hofrates ist, obzwar es seit 1918 in Österreich keinen Hof mehr gibt. Übrigens war Hofrat die Bezeichnung für die staatliche Zentralverwaltung Österreichs der österreichischen Erbländer bis zur Kaiserin Maria Theresia. Bis zur Zeit Maria Theresias war nämlich die Zentralverwaltung territorial organisiert, seither ist sie bis heute real gegliedert!

Was die politische Landschaft anbetrifft mit den vielen Politikern in den Aufsichtsräten und in den Genossenschaften, darf ich Ihnen sagen – ich war selbst Mitglied unseres Unvereinbarkeitsausschusses, Vorsitzender sogar –, daß das teilweise in manchem übertrieben gesehen wird. Wenn jemand stirbt, sind es in den großen Kondolenzen in den Zeitungen zum größten Teil Vertreter von Banken und keine Politiker!

Ich gebe allerdings zu, daß bei uns der Anteil des Staates – und das meinen Sie – aufgrund der beiden Verstaatlichungsgesetze 1946 und 1947 und mit dem Staat der Politiker an der österreichischen Wirtschaft viel größer ist als anderswo. Als Hermann Josef Abs vor einigen Jahren seinen 80. Geburtstag hatte, hatte ich die Ehre, aus diesem Anlaß mit meiner Frau zu ihm nach Kronberg eingeladen zu sein. Ich erinnere mich noch sehr gut, daß mit Ausnahme des Kollegen Georg Leber dort von der parteipolitischen Landschaft Deutschlands eigentlich niemand war, weil der Anteil des Staates und der Politik an der Wirtschaft bei Ihnen in Deutschland viel geringer als bei uns in Österreich ist.

Herr Repgen: Die Frage der österreichischen Banken – das ist wirtschaftsgeschichtlich ganz interessant – hängt natürlich auch mit dem Bankenkrach vom Mai 1931 zusammen und mit den Hermann-Göring-Werken, hier nicht in bezug auf die Banken, sondern auf den Staatseinfluß während des Dritten Reiches.

Aber ich habe eine andere Frage. Sie haben – und das ist ja, wenn man systematisch denkt, durchaus richtig, soweit ich das sehe – betont, daß Österreich keine wehrhafte Demokratie von der Verfassung her sei, während wir das im Grundgesetz 1949 sein sollten, und die Väter des Parlamentarischen Rates waren ja auch weithin, jedenfalls zum erheblichen Teil, der Meinung, daß, wenn die Politik Dinge verdorben habe, das Staatsrecht den Karren wieder aus dem Schlamm ziehen oder ihn vor dem Hinunterstürzen bewahren könne. Tatsächlich haben sich aber gerade diese Vorschriften als verhältnismäßig wenig scharf greifend erwiesen.

Vor dreißig Jahren ist in Deutschland zum letzten Mal eine Partei verboten worden, die KPD, gut zehn Jahre später wurde mit geringen rechtlichen Kniffen die gleiche Partei wieder zugelassen, und dabei ist es geblieben. Heute vollziehen zumindest viele oberste Gerichte in Deutschland doch geradezu logische Akrobatik, wenn es um die Ausfüllung der Folgen, der Konsequenzen geht, die sich eigentlich aus der wehrhaften Demokratie ergeben würden, die sich in der Realität zeigen, ganz abgesehen vom Strafrecht, das ja zum Beispiel bei uns seit 16 Jahren auf das staatliche Gewaltmonopol unter bestimmten Bedingungen verzichtet. Ob das mit dem Begriff der wehrhaften Demokratie überhaupt noch in Übereinstimmung zu bringen ist, ist eine andere Frage.

Daraus ergibt sich für mich die Frage: Ist das Staatsrecht denn überhaupt fähig, Dinge zu halten, für die es keinen moralisch-ethischen Konsens mehr gibt, und zwar nicht einen ethischen Konsens in Kleinigkeiten, sondern in einer breiten Überzeugung? Was können wir Nicht-Juristen da noch von der Jurisprudenz erhoffen und erwarten? Und ist nicht umgekehrt diese trügerische Hoffnung in die Korrekturfähigkeit des Rechtes und der Gerichte ein Element, das die Unterhöhlung und das Ausfransen des Staates, auch die partielle Abdankung des Staates, die wir doch erleben, in immer mehr Bereichen geradezu begünstigt?

Herr Schambeck: Diese Feststellungen des Herrn Kollegen Prof. Dr. Repgen sind wertvoll, weil auch aktuell! Zum ersten Punkt möchte ich Ihnen sagen: Der Bankenkrach hat sicherlich eine Rolle in Österreich gespielt, die über die Wirtschaftsordnung hinausreicht und in die Politik hinein. Das zeigte sich nach dem 2. Weltkrieg in bezug auf die Verstaatlichung. Sicher waren die Gründe für die Verstaatlichungen 1946 und 1947 auch andere und mannigfach. Bestimmte Industriellengruppen haben in Österreich in der Zwischenkriegszeit als Finanziers von militärischen Parteiverbänden eine Rolle gespielt und sich in der Innenpolitik Österreichs in einer Weise bemerkbar gemacht, daß man das in der Zweiten Republik nicht fortgesetzt haben wollte. Außerdem hat der Staat das meiste Geld gehabt, um bestimmte Industriezweige wieder flottzukriegen. Darunter waren u. a. die ehemaligen Hermann-Göring-Werke, aber es hat auch andere Werke gegeben, wie z. B. Böhler, Schöller-Bleckmann, die Alpine Montan etc. Dadurch sind die Verstaatlichungen 1946 und 1947 in Übereinstimmung mit allen politischen Parteien zustandegekommen.

Ein verfassungsrechtliches Problem war es aber, ob diese Verstaatlichung auch verbunden sein soll mit ethischen Voraussetzungen. In der Verfassungsnorm des Artikels 5 des Staatsgrundgesetzes über die allgemeinen Rechte der Staatsbürger steht nur Allgemeines über die Enteignung; näheres im § 365 des ABGB von 1811, das aber ein einfaches Gesetz ist; dort steht: Enteignung ist nur zulässig, wenn es „das allgemeine Beste erheischt", „gegen angemessene Schadloshaltung". Daher war es notwendig zu klären, ob dann für Verstaatlichungen, die ja Massenenteignungen waren, Entschädigungen zu zahlen sind oder nicht. Unter dem Druck der Amerikaner im Hinblick auf den Marshall-Plan hat man dann eine bestimmte Entschädigung gezahlt, damit das Kind einen Namen hat. Diese Verstaatlichung ist heute Teil des österreichischen Wirtschaftssystems, nur verbunden mit vielen Problemen.

Der zweite Punkt ist der große Themenkreis von Verfassungsnorm und Verfassungswirklichkeit. Das wollte ich in meinem Vortrag heute auch näher ausführen. Ich gebe Ihnen völlig recht, und darum habe ich auch gesagt: Wem Autorität übertragen ist, der ist im Gewissen verpflichtet, sie einzusetzen. Ein solcher Autoritätsträger hat eine Blankovollmacht und untersteht der politischen Beurteilung, ob er seine Autorität nutzt oder nicht. Es gibt hier keinen Automatismus; aus dem Wählerverhalten und somit aus der öffentlichen Meinungsbildung kann die Beurteilung entnommen werden. Da gebe ich Ihnen also recht.

Diese Blankoermächtigung bezieht sich auch auf die Staatsziele Österreichs. Da ist Österreich in manchen Bereichen mehr auf einfachgesetzlichem Weg sozialer Rechtsstaat geworden – obwohl es nicht im Bundesverfassungsrecht Österreichs vorgeschrieben steht –, als die Bundesrepublik Deutschland. Wir haben oft mehr soziale Grundrechte ausgeführt als andere Staaten, obwohl sie bei denen als Grundrecht im Verfassungsrecht stehen.

Was die Wehrhaftigkeit der österreichischen Parteiendemokratie betrifft, möchte ich feststellen, daß in Österreich weder das Parteiengesetz 1975 noch die übrige Rechtsordnung eine Vorschrift enthält, welche eine Handhabe für ein behördliches Verbot von politischen Parteien bieten könnte. Das Parteiengesetz zählt nur „die Mitwirkung an der politischen Willensbildung" zu den Aufgaben der politischen Parteien. Während in Deutschland das Bundesverfassungsgericht über die Frage der Verfassungswidrigkeit einer politischen Partei entscheidet, ist dies in Österreich nicht gegeben; hier müßte der Verfassungsgesetzgeber selbst entscheiden.

Ihr Satz ist also völlig richtig, daß der Rechtssatzinhalt noch nicht die Rechtsschutzgarantie für den Einzelnen im Staat darstellt, weil eine bestimmte Ethik hinzutreten muß. Das habe ich auch mit meinem abschließenden Hinweis gemeint, nachdem ich als Staatsrechtslehrer eingeladen worden bin, diesen Vortrag zu halten. So habe ich mir diesen rechtsethischen Teil gedacht und in meinem Buch „Ethik und Staat" auch näher ausgeführt. Ich darf auch in diesem Fall, was mich freut, wie in sonstigen anderen Dingen, die Sie geschrieben haben, voll mit Ihnen einer Meinung sein. Wir müssen uns bemühen, in gleicher Weise zu normieren und zu motivieren; Recht und Ethik sollten sich ergänzen!

Herr Winter: Herr Professor Dr. Schambeck, ich darf mich an Sie in Ihrer Eigenschaft als stellvertretender Vorsitzender des österreichischen Bundesrates wenden. Wenn man in der deutschen parlamentarischen Praxis das Schicksal von Änderungsvorschlägen zu Gesetzesinitiativen durch den Bundesrat betrachtet, so ergeben sich manchmal Vorwürfe, und die werden auch in der Öffentlichkeit erhoben, daß die Behandlung von Änderungsvorschlägen zwischen Bundestag und Bundesrat soweit akkordiert wird, daß hier parteipolitisches Kalkül vor konkreten Länderinteressen zu stehen kommt und daß damit eine gewisse Aushöhlung und Unterspülung des Bundesrates eintritt.

Wie sehen Sie diese Situation in Österreich? Ist da auch das parteipolitische Kalkül zwischen den Vertretern im Bundesrat und den entsprechenden Vertretern im Nationalrat gegeben? Oder ist da die Vertretung der Länderinteressen noch vital und stark genug, um die Rolle des Bundesrates voll zu rechtfertigen?

Herr Schambeck: Herr Generalkonsul, ich will aus dem Text des österreichischen Bundes-Verfassungsgesetzes zitieren, daß die Länderrepräsentanz nach dem Parteienproporz in den Landtagen erfolgt. Das heißt, wir haben einen Parteienbundesstaat und einen Parteienbundesrat. Das parteipolitische Wollen in den Ländern wird also im Bundesrat dokumentiert, und es tritt hier - und es ist sehr verdienstvoll, daß Sie das unterstreichen - eine Symbiose von parteipolitischem Wollen und von landespolitischen Zweckerwägungen ein. Hier kann es ohne weiteres möglich sein, daß in einer Debatte zu einer Materie unterschiedliche Vorschläge gebracht werden. Zum Beispiel bei der aktuellen Frage der verstaatlichten Industrie wird ein Ländervertreter, in dessen Land keine verstaatlichte Industrie ist, zur Frage der Subventionierung von Arbeitsplätzen der verstaatlichten Industrie einen anderen Standpunkt einnehmen als ein Landesvertreter, in dessen Land es verstaatlichte Industrie gibt. Denken Sie an Vorarlberg, das keine verstaatlichte Industrie hat, und vergleichsweise an Nieder- und Oberösterreich sowie die Steiermark. Da können sich also unterschiedliche Akzente ergeben.

In der politischen Praxis, die das Verfassungsrecht ermöglicht, ist es so, daß alle Bundesratsmitglieder jeweils eigene Bundesratsfraktionen nach parteipolitischen Gesichtspunkten bilden, die vor jeder Sitzung der Länderkammer zusammentreten. Aber diese Fraktionen sind Teil der Parlamentsklubs ihrer Parteien, so daß hier die politische Willensbildung in den einzelnen Parteien und ihren Klubs auch schon in der Auseinandersetzung mit den föderalistischen Interessen vor sich geht. Das zeigt sich auch bei dem einstimmig beschlossenen Forderungsprogrammen der österreichischen Bundesländer.

Wir haben zum Beispiel im Bundesrat sogar einstimmig mit den Sozialisten eigene Föderalismusinitiativen zur Fortschreibung des österreichischen Staatsrechts ergriffen, wie es im Nationalrat nicht der Fall ist. Nur sind wir in dem Dialog der österreichischen Staatswillensbildung darauf angewiesen, daß der Nationalrat mitzieht, sodaß also hier ein Einvernehmen auch zwischen zwei parlamentarischen Körperschaften in einem Haus erforderlich ist, und auch hier kommen die Kräfte von den einzelnen Bundesländern her. So hat zum Beispiel das Bundesland Tirol in seinem Landtag einstimmig eine Föderalismusresolution beschlossen, in Niederösterreich und Vorarlberg die Mehrheit des Landtages und in anderen Bundesländern wiederum nicht. Hier gibt es ein Vordenken und einen gemeinsamen Dialog, der allen zugute kommen soll.

Natürlich ist zuzugeben, daß die politischen Parteien in den Ländern ideologische Grundstrukturen haben, die aber durch die Gegebenheiten der einzelnen Bundesländer natürlich verschiedene Prägungen erhalten.

Veröffentlichungen
der Nordrhein-Westfälischen Akademie der Wissenschaften

Neuerscheinungen 1983 bis 1995

Vorträge G *Heft Nr.*		GEISTESWISSENSCHAFTEN
263	*Gerard Verbeke, Leuven*	Avicenna, Grundleger einer neuen Metaphysik
264	*Roger Goepper, Köln*	Das Kultbild im Ritus des esoterischen Buddhismus Japans
265	*Paul Mikat, Düsseldorf*	Zur Diskussion um die Lehre vom Vorrang der effektiven Staatsangehörigkeit
266	*Gerhard Kegel, Köln*	Haftung für Zufügung seelischer Schmerzen
		Jahresfeier am 11. Mai 1983
267	*Hans Rothe, Bonn*	Religion und Kultur in den Regionen des russischen Reiches im 18. Jahrhundert
268	*Paul Mikat, Düsseldorf*	Doppelbesetzung oder Ehrentitulatur – Zur Stellung des westgotisch-arianischen Episkopates nach der Konversion von 587/89
269	*Andreas Kraus, München*	Die *Acta Pacis Westphalicae*
270	*Gerhard Ebeling, Zürich*	Lehre und Leben in Luthers Theologie
271	*Theodor Schieder, Köln*	Über den Beinamen „der Große" – Reflexionen über historische Größe
272	*J. Nicolas Coldstream, London*	The Formation of the Greek Polis: Aristotle and Archaeology
273	*Walter Hinck, Köln*	Das Gedicht als Spiegel der Dichter. Zur Geschichte des deutschen poetologischen Gedichts
274	*Erich Meuthen, Köln*	Das Basler Konzil als Forschungsproblem der europäischen Geschichte
275	*Hansjakob Seiler, Köln*	Sprache und Gegenstand
276	*Gustav Adolf Lehmann, Köln*	Die mykenisch-frühgriechische Welt und der östliche Mittelmeerraum in der Zeit der „Seevölker"-Invasionen um 1200 v. Chr.
277	*Andreas Hillgruber, Köln*	Der Zusammenbruch im Osten 1944/45 als Problem der deutschen Nationalgeschichte und der europäischen Geschichte
278	*Niklas Luhmann, Bielefeld*	Kann die moderne Gesellschaft sich auf ökologische Gefährdungen einstellen?
		Jahresfeier am 15. Mai 1985
279	*Joseph Ratzinger, Rom*	Politik und Erlösung. Zum Verhältnis von Glaube, Rationalität und Irrationalem in der sogenannten Theologie der Befreiung
280	*Hermann Hambloch, Münster*	Der Mensch als Störfaktor im Geosystem
281	*Reinhold Merkelbach, Köln*	Mani und sein Religionssystem
282	*Walter Mettmann, Münster*	Die volkssprachliche apologetische Literatur auf der Iberischen Halbinsel im Mittelalter
283	*Hans-Joachim Klimkeit, Bonn*	Die Begegnung von Christentum, Gnosis und Buddhismus an der Seidenstraße
284	*2. Akademie-Forum*	Technik und Ethik
	Wolfgang Kluxen, Bonn	Ethik für die technische Welt: Probleme und Perspektiven
	Rudolf Schulten, Aachen/Jülich	Maßstäbe aus der Natur für technisches Handeln
285	*Hermann Lübbe, Zürich*	Die Wissenschaften und ihre kulturellen Folgen. Über die Zukunft des *common sense*
286	*Andreas Hillgruber, Köln*	Alliierte Pläne für eine „Neutralisierung" Deutschlands 1945–1955
287	*Otto Pöggeler, Bochum*	Preußische Kulturpolitik im Spiegel von Hegels Ästhetik
288	*Bernhard Großfeld, Münster*	Einige Grundfragen des Internationalen Unternehmensrechts
289	*Reinhold Merkelbach, Köln*	Nikaia in der römischen Kaiserzeit
290	*Werner Besch, Bonn*	Die Entstehung der deutschen Schriftsprache
291	*Heinz Gollwitzer, Münster*	Internationale des Schwertes. Transnationale Beziehungen im Zeitalter der „vaterländischen" Streitkräfte
292	*Bernhard Kötting, Münster*	Die Bewertung der Wiederverheiratung (der zweiten Ehe) in der Antike und in der Frühen Kirche
293	*5. Akademie-Forum*	Technik und Industrie in Kunst und Literatur
	Volker Neuhaus, Köln	Vorwurf Industrie
	Klaus Wolfgang Niemöller, Köln	Industrie, Technik und Elektronik in ihrer Bedeutung für die Musik des 20. Jahrhunderts
	Hans Schadewaldt, Düsseldorf	Technik und Heilkunst

294	*Paul Mikat, Düsseldorf*	Die Polygamiefrage in der frühen Neuzeit
295	*Georg Kauffmann, Münster*	Die Macht des Bildes – Über die Ursachen der Bilderflut in der modernen Welt
		Jahresfeier am 27. Mai 1987
296	*Herbert Wiedemann, Köln*	Organverantwortung und Gesellschafterklagen in der Aktiengesellschaft
297	*Rainer Lengeler, Bonn*	Shakespeares Sonette in deutscher Übersetzung: Stefan George und Paul Celan
298	*Heinz Hürten, Eichstätt*	Der Kapp-Putsch als Wende. Über Rahmenbedingungen der Weimarer Republik seit dem Frühjahr 1920
299	*Dietrich Gerhardt, Hamburg*	Die Zeit und das Wertproblem, dargestellt an den Übertragungen V. A. Žukovskijs
300	*Bernhard Großfeld, Münster*	Unsere Sprache: Die Sicht des Juristen
301	*Otto Pöggeler, Bochum*	Philosophie und Nationalsozialismus – am Beispiel Heideggers
		Jahresfeier am 31. Mai 1989
302	*Friedrich Ohly, Münster*	Metaphern für die Sündenstufen und die Gegenwirkungen der Gnade
303	*Harald Weinrich, München*	Kleine Literaturgeschichte der Heiterkeit
304	*Albrecht Dihle, Heidelberg*	Philosophie als Lebenskunst
305	*Rüdiger Schott, Münster*	Afrikanische Erzählungen als religionsethnologische Quellen, dargestellt am Beispiel von Erzählungen der Bulsa in Nordghana
306	*Hans Rothe, Bonn*	Anton Tschechov oder Die Entartung der Kunst
307	*Arthur Th. Hatto, London*	Eine allgemeine Theorie der Heldenepik
308	*Rudolf Morsey, Speyer*	Die Deutschlandpolitik Adenauers. Alte Thesen und neue Fakten
309	*Joachim Bumke, Köln*	Geschichte der mittelalterlichen Literatur als Aufgabe
310	*Werner Sundermann, Berlin*	Der Sermon von der der Seele. Ein Literaturwerk des östlichen Manichäismus
311	*Bruno Schüller, Münster*	Überlegungen zum ‚Gewissen'
312	*Karl Dietrich Bracher, Bonn*	Betrachtungen zum Problem der Macht
313	*Klaus Stern, Köln*	Die Wiederherstellung der deutschen Einheit – Retrospektive und Perspektive
		Jahresfeier am 28. Mai 1991
314	*Rainer Lengeler, Bonn*	Shakespeares *Much Ado About Nothing* als Komödie
315	*Jean-Marie Valentin, Paris*	Französischer „Roman comique" und deutscher Schelmenroman
316	*Nikolaus Himmelmann, Bonn*	Archäologische Forschungen im Akademischen Kunstmuseum der Universität Bonn: Die griechisch-ägyptischen Beziehungen
317	*Walther Heissig, Bonn*	Oralität und Schriftlichkeit mongolischer Spielmanns-Dichtung
318	*Anthony R. Birley, Düsseldorf*	Locus virtutibus patefactus? Zum Beförderungssystem in der Hohen Kaiserzeit
319	*Günther Jakobs, Bonn*	Das Schuldprinzip
320	*Gherardo Gnoli, Rom*	Iran als religiöser Begriff im Mazdaismus
321	*Claus Vogel, Bonn*	Mīramīrāsutas Asālatiprakāśa – Ein synonymisches Wörterbuch des Sanskrit aus der Mitte des 17. Jahrhunderts
322	*Klaus Hildebrand, Bonn*	Die britische Europapolitik zwischen imperialem Mandat und innerer Reform 1856–1876
323	*Paul Mikat, Düsseldorf*	Die Inzestverbote des Dritten Konzils von Orléans (538). Ein Beitrag zur Geschichte des Fränkischen Eherechts
324	*Hans Joachim Hirsch, Köln*	Die Frage der Straffähigkeit von Personenverbänden
325	*Bernhard Großfeld, Münster*	Europäisches Wirtschaftsrecht und Europäische Integration
326	*Nikolaus Himmelmann, Bonn*	Antike zwischen Kommerz und Wissenschaft
		Jahresfeier am 8. Mai 1993
327	*Slavomír Wollman, Prag*	Die Literaturen in der österreichischen Monarchie im 19. Jahrhundert in ihrer Sonderentwicklung
328	*Rainer Lengeler, Bonn*	Literaturgeschichte in Nöten. Überlegungen zur Geschichte der englischen Literatur des 20. Jahrhunderts
329	*Annemarie Schimmel, Bonn*	Das Thema des Weges und der Reise im Islam
330	*Martin Honecker, Bonn*	Die Barmer Theologische Erklärung und ihre Wirkungsgeschichte
331	*Siegmar von Schnurbein, Frankfurt/Main*	Vom Einfluß Roms auf die Germanen
332	*Otto Pöggeler, Bochum*	Ein Ende der Geschichte? Von Hegel zu Fukuyama
333	*Niklas Luhmann, Bielefeld*	Die Realität der Massenmedien
334	*Josef Isensee, Bonn*	Das Volk als Grund der Verfassung
335	*Paul Mikat, Düsseldorf*	Die Judengesetzgebung der fränkisch-merowingischen Konzilien
336	*Bernhard Großfeld, Münster*	Bildhaftes Rechtsdenken. Recht als bejahte Ordnung
337	*Herbert Schambeck, Linz*	Das österreichische Regierungssystem. Ein Verfassungsvergleich

ABHANDLUNGEN

Band Nr.		
72	*(Sammelband)*	Studien zur Ethnogenese
	Wilhelm E. Mühlmann	Ethnogonie und Ethnogonese
	Walter Heissig	Ethnische Gruppenbildung in Zentralasien im Licht mündlicher und schriftlicher Überlieferung
	Karl J. Narr	Kulturelle Vereinheitlichung und sprachliche Zersplitterung: Ein Beispiel aus dem Südwesten der Vereinigten Staaten
	Harald von Petrikovits	Fragen der Ethnogenese aus der Sicht der römischen Archäologie
	Jürgen Untermann	Ursprache und historische Realität. Der Beitrag der Indogermanistik zu Fragen der Ethnogenese
	Ernst Risch	Die Ausbildung des Griechischen im 2. Jahrtausend v. Chr.
	Werner Conze	Ethnogenese und Nationsbildung – Ostmitteleuropa als Beispiel
73	*Nikolaus Himmelmann, Bonn*	Ideale Nacktheit
74	*Alf Önnerfors, Köln*	Willem Jordaens, *Conflictus virtutum et viciorum.* Mit Einleitung und Kommentar
75	*Herbert Lepper, Aachen*	Die Einheit der Wissenschaften: Der gescheiterte Versuch der Gründung einer „Rheinisch-Westfälischen Akademie der Wissenschaften" in den Jahren 1907 bis 1910
76	*Werner H. Hauss, Münster* *Robert W. Wissler, Chicago* *Jörg Grünwald, Münster*	Fourth Münster International Arteriosclerosis Symposium: Recent Advances in Arteriosclerosis Research
77	*Elmar Edel, Bonn*	Die ägyptisch-hethitische Korrespondenz (2 Bände)
78	*(Sammelband)*	Studien zur Ethnogenese, Band 2
	Rüdiger Schott	Die Ethnogenese von Völkern in Afrika
	Siegfried Herrmann	Israels Frühgeschichte im Spannungsfeld neuer Hypothesen
	Jaroslav Šašel	Der Ostalpenbereich zwischen 550 und 650 n. Chr.
	András Róna-Tas	Ethnogenese und Staatsgründung. Die türkische Komponente bei der Ethnogenese des Ungartums
	Register zu den Bänden 1 (Abh 72) und 2 (Abh 78)	
79	*Hans-Joachim Klimkeit, Bonn*	Hymnen und Gebete der Religion des Lichts. Iranische und türkische Texte der Manichäer Zentralasiens
80	*Friedrich Scholz, Münster*	Die Literaturen des Baltikums. Ihre Entstehung und Entwicklung
81	*Walter Mettmann, Münster (Hrsg.)*	Alfonso de Valladolid, *Ofrenda de Zelos* und *Libro de la Ley*
82	*Werner H. Hauss, Münster* *Robert W. Wissler, Chicago* *H.-J. Bauch, Münster*	Fifth Münster International Arteriosclerosis Symposium: Modern Aspects of the Pathogenesis of Arteriosclerosis
83	*Karin Metzler, Frank Simon, Bochum*	Ariana et Athanasiana. Studien zur Überlieferung und zu philologischen Problemen der Werke des Athanasius von Alexandrien.
84	*Siegfried Reiter / Rudolf Kassel, Köln*	Friedrich August Wolf. Ein Leben in Briefen. Ergänzungsband, I: Die Texte; II: Die Erläuterungen
85	*Walther Heissig, Bonn*	Heldenmärchen versus Heldenepos? Strukturelle Fragen zur Entwicklung altaischer Heldenmärchen
86	*Hans Rothe, Bonn*	*Die Schlucht.* Ivan Gontscharov und der „Realismus" nach Turgenev und vor Dostojevski (1849–1869)
87	*Werner H. Hauss, Münster* *Robert W. Wissler; Chicago* *H.-J. Bauch, Münster*	Sixth Münster International Arteriosclerosis Symposium: New Aspects of Metabolismn and Behaviour of Mesenchymal Cells during the Pathogenesis of Arteriosclerosis
88	*Peter Zieme, Berlin*	Religion und Gesellschaft im Uigurischen Königreich von Qočo
89	*Karl H. Menges, Wien*	Drei Schamanengesänge der Ewenki-Tungusen Nord-Sibiriens
90	*Christel Butterweck, Halle*	Athanasius von Alexandrien: Bibliographie
91	*T. Čertorickaja, Moskau*	Vorläufiger Katalog Kirchenslavischer Homilien des beweglichen Jahreszyklus
92	*Walter Mettmann, Münster (Hrsg.)*	Alfonso de Valladolid, *Mostrador de Justicia*
93	*Werner H. Hauss, Münster* *Robert W. Wissler, Chicago* *Hans-Joachim Bauch, Münster (Eds.)*	Seventh Münster International Arteriosclerosis Symposium: New Pathogenic Aspects of Arteriosclerosis Emphasizing Transplantation Atheroarteritis
94	*Helga Giersiepen, Bonn* *Raymund Kottje, Bonn (Hrsg.)*	Inschriften bis 1300. Probleme und Aufgaben ihrer Erforschung
95	*Walter Heissig, Bonn (Hrsg.)*	Formen und Funktion mündlicher Tradition

Sonderreihe PAPYROLOGICA COLONIENSIA

Vol. VI: *J. David Thomas, Durham*	The epistrategos in Ptolemaic and Roman Egypt Part 1: The Ptolemaic epistrategos Part 2: The Roman epistrategos
Vol. VII	Kölner Papyri (P. Köln)
Bärbel Kramer und Robert Hübner (Bearb.), Köln	Band 1
Bärbel Kramer und Dieter Hagedorn (Bearb.), Köln	Band 2
Bärbel Kramer, Michael Erler, Dieter Hagedorn und Robert Hübner (Bearb.), Köln	Band 3
Bärbel Kramer, Cornelia Römer und Dieter Hagedorn (Bearb.), Köln	Band 4
Michael Gronewald, Klaus Maresch und Wolfgang Schäfer (Bearb.), Köln	Band 5
Michael Gronewald, Bärbel Kramer, Klaus Maresch, Maryline Parca und Cornelia Römer (Bearb.)	Band 6
Michael Gronewald, Klaus Maresch (Bearb.), Köln	Band 7
Vol. VIII: *Sayed Omar (Bearb.), Kairo*	Das Archiv des Soterichos (P. Soterichos)
Vol. IX *Dieter Kurth, Heinz-Josef Thissen und Manfred Weber (Bearb.), Köln*	Kölner ägyptische Papyri (P. Köln ägypt.) Band 1
Vol. X: *Jeffrey S. Rusten, Cambridge, Mass.*	Dionysius Scytobrachion
Vol. XI: *Wolfram Weiser, Köln*	Katalog der Bithynischen Münzen der Sammlung des Instituts für Altertumskunde der Universität zu Köln Band 1: Nikaia. Mit einer Untersuchung der Prägesysteme und Gegenstempel
Vol. XII: *Colette Sirat, Paris u. a.*	La *Ketouba* de Cologne. Un contrat de mariage juif à Antinoopolis
Vol. XIII: *Peter Frisch, Köln*	Zehn agonistische Papyri
Vol. XIV: *Ludwig Koenen, Ann Arbor* *Cornelia Römer (Bearb.), Köln*	Der Kölner Mani-Kodex. Über das Werden seines Leibes. Kritische Edition mit Übersetzung.
Vol. XV: *Jaakko Frösen, Helsinki/Athen* *Dieter Hagedorn, Heidelberg (Bearb.))*	Die verkohlten Papyri aus Bubastos (P. Bub.) Band 1
Vol. XVI: *Robert W. Daniel, Köln* *Franco Maltomini, Pisa (Bearb.)*	Supplementum Magicum Band 1 Band 2
Vol. XVII: *Reinhold Merkelbach, Maria Totti (Bearb.), Köln*	Abrasax. Ausgewählte Papyri religiösen und magischen Inhalts Band 1 und Band 2: Gebete Band 3: Zwei griechisch-ägyptische Weihezeremonien
Vol. XVIII: *Klaus Maresch, Köln* *Zola M. Packmann, Pietermaritzburg, Natal (eds.)*	Papyri from the Washington University Collection, St. Louis, Missouri
Vol. XIX: *Robert W. Daniel, Köln (ed.)*	Two Greek Papyri in the National Museum of Antiquities in Leiden
Vol. XX: *Erika Zwierlein-Diehl, Bonn (Bearb.)*	Magische Amulette und andere Gemmen des Instituts für Altertumskunde der Universität zu Köln
Vol. XXI: *Klaus Maresch, Köln*	Nomisma und Nomismatia. Beiträge zur Geldgeschichte Ägyptens im 6. Jahrhundert n. Chr.
Vol. XXII: *Roy Kotansky, Santa Monica, Calif.*	Greek Magical Amulets. The Inscribed Gold, Silver, Copper, and Bronze Lamellae Part 1: Published Texts of Known Provenance
Vol. XXIII: *Wolfram Weiser, Köln*	Katalog ptolemäischer Bronzemünzen der Sammlung des Instituts für Altertumskunde der Universität zu Köln
Vol. XXIV: *Cornelia Eva Römer, Köln*	Manis frühe Missionsreisen nach der Kölner Manibiographie

GPSR Compliance

The European Union's (EU) General Product Safety Regulation (GPSR) is a set of rules that requires consumer products to be safe and our obligations to ensure this.

If you have any concerns about our products, you can contact us on ProductSafety@springernature.com

In case Publisher is established outside the EU, the EU authorized representative is:

Springer Nature Customer Service Center GmbH
Europaplatz 3
69115 Heidelberg, Germany

Batch number: 10809636

Printed by Printforce, the Netherlands